媽媽，我原諒妳。

掙脫負面循環，撫平母愛枷鎖給的傷與痛

臨床心理學博士・心理諮商師

Dr. Tatsuko Martin・著

余亮誾・譯

原諒，不是為了母親。
是為了讓自己活得輕鬆，為了自己而選擇原諒。

序

妳有以下經驗嗎？

□遇到認真的感情就會逃避
□總是在意他人看法
□不自覺會注意、批評對方的缺點
□當對方擺出厭惡的表情，就會覺得錯在自己

這些問題都源自母女關係。即使只聯想到一件事情，縱使有程度上的差別都必須留意，妳的潛意識裡可能埋藏著和母親的心結。

沒有解開心結，就這麼成為大人的話……

接下來要講的，是來我這裡諮商，42歲女性的案例。我們來看看如果沒有處理與母親之間的心結，就這麼成為大人，會產生多麼不幸的連鎖效應吧！

「醫生，請您聽聽看！我女兒才16歲，居然迷戀年長20歲的有婦之夫！聽說對方還想和妻子分開，跟我女兒在一起。我沒辦法相信這種男人，所以非常反對。女兒竟然負氣離家出走。已經束手無策了，我該怎麼做才好？」

42歲的S就這麼衝進我的諮詢室說了這些話。十年前離婚後，她一個女人胼手胝足把兩個孩子拉拔長大，不想讓女兒承受自己受過的苦。

然而事與願違，女兒居然做出S從未想過的事。

我問：「妳是怎麼跟女兒說的？」她回：「像他那種不正經的男人，妳一定是被騙了。不立刻分手的話，下場會很慘啊。從以前到現在我為了妳們一直努力工作，妳可別用這種方式報答，讓媽媽難過啊！」

用威脅性十足的話控制女兒的母親，其實與女兒之間有著嚴重的裂痕。

反覆上演的「輪迴人生」

就像這樣，因為與女兒的關係出現嫌隙而來我這裡諮詢的母親絡繹不絕，當我進一步瞭解這些母親的人生後發現，其實有很多人本身也是曾被母親傷害過的孩子。

我也問了S的童年狀況。她說：「媽媽對我有很大的期待。從小就逼我學鋼琴、芭蕾、英文、游泳、往返補習班。不過，媽媽的期待對我而言卻是沉重的負擔，那些也不是我真正想學的，所以總是忤逆她。」

每次頂嘴，S的母親就會對她說：「我明明為了妳這麼努力，妳怎麼還這樣不懂事？不要再讓媽媽傷心了！」

就這樣，她敵不過這無止盡的壓力，後來也與母親屬意的男性結婚，最後卻以離婚收場。S雖然後悔跟不喜歡的男性結婚，卻也認為那是因為「不想再讓媽媽傷心」才順從母親的意思。

或許S沒有察覺，不過她可能暗自期待女兒也能聽從「不要讓媽媽傷心」這句自己曾被說過的話吧！即使S的期待完全落空……。

看到這裡，或許已經有讀者明白。當我們沒有治好被父母傷到的心，就會在心裡成為一堵跨不過去的牆，在人生反覆上演相同戲碼。

我將此稱為「輪迴人生」。如果想真正獲得幸福，就必須治好心裡的傷。母親和女兒的關係尤其深刻，如果忽視母女間的各執己見，一旦成為大人，往後在愛情、婚姻、工作、人際關係、金錢等各方面都可能出現問題。

因為是盤根錯節的棘手問題，一想到要處理，應該會讓人感到遲疑吧！不過，不去碰觸童年受的傷，人生只會愈變愈複雜。因為苦惱的問題若沒有解決，問題不會就此終止，而是持續惡化。

當妳發覺與母親間的嫌隙比以前更嚴重時，希望妳可以將之視為提醒妳積極解決問題的警訊，並且填補彼此間的鴻溝。如此一來，不僅僅只是家庭關係，在人生各方面才能獲得真正的幸福。

為了自身的幸福，請原諒母親吧

雖然有些心理學者主張「不需要原諒母親」，不過我認為原諒母親是讓自己幸福的必要條件。

想到可以不原諒，或許能暫時變得輕鬆。不過，倘若無法原諒的心情始終都在，將來還是不能跟母親對等說話，無法完全放下吧！

持續背負「不原諒母親」的想法，受苦的不是母親，而是妳自己。

當妳因為母親的緣故感到痛苦時，或許她正在某高級溫泉旅館放鬆、在餐廳享用美食。

裝了毒，然後被迫喝下這毒飲的不是母親，而是妳自己。請記住這點，做好原諒母親的準備吧！

有很多懷著「怎樣都無法原諒媽媽」，充滿怨恨情緒的人來我這裡諮商。在療程中，有很多案例都是在理解到為了自己、原諒母親的重要性後，心情才變得輕鬆，與母親關係也因而獲得改善。

本書依據我在諮商生涯處理過的許多案例，用我自己的方式將傷害孩子的母親予以分類，讓讀者理解為什麼母親會出現那種態度，也會提到母親自身的心理創傷。此外，也穿插許多幫助讀者從母親的束縛中解放、活出自我的方式。

現在就是排解妳與母親痛苦關係的最佳時機。為了讓自己獲得幸福，請試著重新檢視與母親之間的關係。

衷心祝福讀者們的人生都能充滿笑容。

第1章

重新檢視與母親的關係

第2章

為什麼與母親的關係會降至冰點？

第3章

讓女兒內心受傷的10種母親類型

◆ **瞭解母親的心理創傷程度**

第4章

從母親的束縛中逃離的方法

第 5 章

從母親的束縛中解放，獲得自由人生

*本書出現的人物皆為化名

第1章

重新檢視與母親的關係

每個人都有心理創傷

愛情與婚姻的煩惱、工作不順、對自己的個性不滿、人際關係問題、金錢問題……對狀況不斷的人來說，或許會覺得人生困難重重。

從事心理諮商數十年來，我諮商過各種職業、年齡、國籍、性別的人。

慢慢找出他們煩惱的癥結點後發現，幾乎都是童年與親人或是周圍大人間不愉快的經驗導致內心受創。可以說是因為沒有治好內心傷口，就這麼成為大人之後，才有了現在的痛苦。

像這樣的內心傷口，心理學稱為「心理創傷」。忽視心理創傷，可能會在無意識中出現負面想法或是行為，出現諸事不順的狀況。

◆想起被拿來跟姊姊做比較……

或許有人會說「我沒有什麼心理創傷」，不過，那只是自己沒有察覺，其實每個人或多或少在精神上或是精神以及肉體上都有創傷。

我曾經以心裡創傷為題，在洛杉磯演講過。我的印象非常深刻，當時有位38歲的日本女性聽眾名叫真由美。真由美開朗地說：「雖然我沒有心理創傷，但真的很想見到醫生您，所以來才參加！」

當演講結束，她卻淚眼婆娑地這麼說。

「我終於知道為什麼跟人比較後我老是有自卑感了。我有個姊姊，她長得美、又聰明，相較之下，我長得醜，腦袋也不靈光。所以母親總會拿姊姊跟我比，像是『妳要像姊姊一樣，要更努力啊』、『如果妳也能跟姊姊一樣就好了』等等。後來姊姊考上有名的大學，我則進了當地的短期大學。母親盛大地為姊姊慶祝，但我考上時卻沒有為我做些什麼……這已經是很久之前的事，我也早就忘了，但是聽了您的演講，又讓我想起來。」

她流著淚跟大家分享自己的經驗。乍看之下，真由美是位開朗且擅長社交的人，但仔細想想，她或許是刻意用開朗、自信的外衣掩飾深受自卑感所苦的自己。

◆只要能治癒心理創傷，一切都會往好的方向發展

就像這樣，心理創傷會在自己不注意時對人生帶來超乎想像的負面影響。我已經看過許許多多苦於心理創傷的人了。

然而只要治好心理創傷，即使過往都會在無意識下做出負面決定的人，也可以變得能做出正面決定，產生極為正面的影響。不僅煩惱的事情，其他方面也會往好的方向發展。

事實上，來我這裡治療的患者們，在治好心理創傷之後都能朝正向發展，獲得幸福。

希望閱讀本書的讀者們也都能治好自己的心理創傷。

在第4章我會詳細說明治好心理創傷的方法，請善加利用。

心理創傷也會造成極端

「那家人，代代都會偷吃！」

「媽媽老是說別人八卦，奶奶也一樣。」

諸如此類，大家都覺得個性或是毛病會遺傳。此語果然不假，心理創傷會帶來精神方面的遺傳。

此外也要留意心理創傷會出現兩種極端的結果。

舉例來說，如果是在看著母親外遇的身影下長大的女兒，即使還是孩子，也會感受到「比起自己，母親更重視她的男朋友」吧！

於是女兒的潛意識就會烙印著「結婚後有其他喜歡的人也沒有不對」、「和孩子相比，以自己喜歡的人為優先也無所謂」的想法。潛意識可以視為儲藏過往經歷或是情感的大倉庫。一旦在潛意識烙印下的想法就會自動地讓相同情況成真，所以這個女兒日後和母親一樣外遇的機率會很高。

另一種是，看到母親外遇的模樣，會在內心宣誓「絕對不要像母親那樣！」如果是這樣的女兒，長大後就不會外遇，會成為以夫為尊的女性。不過，深愛的丈夫卻會偷吃，甚至比起自己更以外遇對象為優先等等，讓自己淪落為外遇的受害者。結果還是和童年時期一樣（自己成了第二順位），深陷煩惱。

◆無論好壞，投注精力就會成真

為什麼會這樣呢？因為縱使宣誓「絕對不要像母親那樣」，深刻烙印在潛意識的負面感情直到痊癒前都會持續存在。

此外，事情無論好壞，只要投注精力在其中就會成真。因此把母親視為負面教材，持續專注在「絕對不要像母親那樣不重視家人！」這種負面想法的女兒，反而會讓討厭的情況成真。

如果是這個例子，就要轉換成「我是以家人為重的人，我的丈夫也會是有同樣想法的人」這樣完全正面的想法，如果不將所有精力放在這種想法上，前述的狀況就會無止盡地持續發生。

倘若內心沒有被治癒，不是自己成為外遇者，就是選到會外遇的對象。在自己的人生中，承接來自母親的精神遺傳會在夫妻關係之中反覆出現。

無視負面的精神遺傳所帶來的創傷，很明顯地，人生將會被無盡的黑暗籠罩。

人生不順遂的癥結

有很多諮商者與母親之間都存在著問題，其中有些問題的嚴重性也超乎想像。

如果煩惱的癥結點明顯是「與母親的關係」，加上本人也強烈希望有所改變，要正本清源改善一切並不是很困難。比較麻煩的是，

「與丈夫價值觀不合，總是爭吵不休。」

「在公司是邊緣人，每天都過得很痛苦。」

「剛被甩掉，覺得不想活了。」

「無法抑制購買慾，甚至會借錢買東西。」

等等，談著與母女關係毫無關聯的問題。

或許當事人完全沒有察覺，其實覺得人生不順遂的女性中，有九成都是因為與母親之間存在著某些問題。

曾經有位39歲單身女性來我這裡諮商，她從未談過戀愛，極度缺乏自信。我問她：「從來沒有約會過嗎？」她說：「如果是男性友人，我都可以很自然地跟他們去吃飯或看電影。一旦對方稍微展現追求之意，不知道為什麼，我就會想逃走。」

都還沒正式發展，為什麼會「想逃走」呢？

持續治療後發現，她的母親每每跟父親爭吵，總會默默地消失，不是回娘家就是到朋友家，直到父親去接她，如此反覆上演。

看著父母這般模式成長的她，從年幼時期就在潛意識中烙印著「父母（男女）關係是不和諧的，一旦過於親近就會發生問題。尤其是母親（女性），要跟父親（男性）保持距離」。

因為想著不要離男性太近比較安全，所以才會逃走吧！父母之間「夫妻（男女）關係不和諧」的訊息，就這麼不知不覺地烙印在女兒心裡，讓女兒在無意識之中想逃避男性。

其實年幼時期因為父母而受到的心靈創傷，會在意想不到的地方主宰著自己的人生。所以療程中會先檢視她們的成長背景。

像是「父親是怎樣的人呢？」「母親是怎樣的人呢？」「成長環境如何呢？」「與手足之間的關係如何呢？」等等。

然後，多數情況會開始用各種形式聊到與母親的關係，像是提到「母親總是在抱怨」、「比起我，母親更重視她的男友」、「母親很愛面子，所以都打腫臉充胖子」等等的內容。

童年所遭受到的不愉快，在內心造成創傷，成了一堵跨不過去的牆，若沒有治癒，不知不覺中就會在丈夫、孩子、朋友、工作關係上出現負面效應。

為什麼原先相處融洽的伯母會態度不變？

接下來要介紹沒有察覺與母親的心結，讓人生變得複雜的案例。以下是沙希（23歲）的諮商內容。

* * *

我從家鄉的大學畢業後，就進入東京的公司工作。因為媽媽擔心我第一次獨立生活，所以安排讓我住在東京的伯母家。我從以前就跟伯母感情很好，所以很期待一起生活。

但是才過了一個月伯母就態度不變，一直碎念著「要打掃啊」、「自己的衣服自己摺」、「餐具要洗乾淨」。

我將這些狀況跟媽媽說完，她就馬上打電話跟伯母抗議，還吵了起來。之後我跟伯母的關係變得愈來愈不好，最後也得離開伯母家自己找房子。但是，我不知道該怎麼找房子。伯母又每天催促著「快點搬出去啊」，讓我備感壓力。我真的不知道該怎麼辦。

* * *

◆善於照顧人的母親潛藏著控制慾

在聽她敘述的過程中，我明白了為什麼伯母會突然變得碎念。其實這樣的悲劇還是源自沙希的親子關係。

仔細詢問後得知，沙希的母親是家庭主婦，認為家事是女人的工作，打理所有家務。沙希也從沒有幫忙過家事，認為「家事是母親該做的事情」，自然而然認為伯母也是如此。

但伯母卻認為雖然是姪女，但也已經出了社會，「自己的事應該自己處理」。

不知道要幫忙的沙希，洗衣、準備餐點、餐後整理、打掃等全仰賴伯母，甚至脫了衣服就擺著、在外用餐也覺得該由代替父母照顧自己的伯母付錢。

此外，沙希「大學也選擇母親屬意的學校就讀」，不只生活面，就連人生的選擇也都毫不遲疑地走在母親規劃的道路上。

乍看之下沙希的母親是位家事與育兒都做得很完美的「賢妻良母」，其實是非得對方順從自己意思，緊握控制權的類型。明明沒有拜託她也會全部攬下，完全不教孩子怎麼做，剝奪孩子重要的獨立機會。

對沙希而言，雖然母親是「善於照顧人的母親」，結果卻讓沙希成為自己做不了決定、習慣依賴、擁有依賴心的大人。

◆人生第一次的衝撞

既然已經出了社會，找房子應該是簡單的事情吧！不過對沙希而言，卻是人生第一次必須自己面對的重要課題。所以才找我諮商。

沙希藉由與伯母間的嫌隙，發現母女間的問題。如果像這樣忽視不知不覺中被母親烙印在內心的傷，不僅工作上的人際關係，縱使結婚後也一定無法與丈夫和孩子和諧相處。

或許會覺得案例中的母親是「為了孩子」才會做到如此無微不至，不過，其實那樣的舉動反而會造成嚴重的心理創傷，讓孩子的人生充滿波濤。

沙希的故事只是其中一例，實際狀況會出現各種類型的問題。

無論是什麼樣的母親，孩子總渴望被愛

透過許多患者的治療過程，我瞭解到孩子的心是多麼純真。因為無論被母親傷得再重，「渴望母親的愛」還是不變。

有些人因為被母親傷得很重，即使長大了，還是會討厭、持續憎恨母親。不過這其實也是出自於「得不到愛」這種無法獲得滿足的心情。

對孩子而言，母親應該全然地「愛自己」，不過母親也可能從自己母親那受到心理的創傷。因為內心的傷沒有被治癒，導致無法全心全意的愛孩子，這就是母女之間很殘酷的現實。

我的某位女性友人一談戀愛就會盡可能地討好對方，完全迷失自己、被對方迷得昏頭轉向，並且都以失敗收場。只要對方想見面，縱使是半夜也會飛奔過去；只要對方想要，再貴的東西也會買給他，不過最後還是被甩。

問她：「小時候做什麼事情會讓媽媽開心？」她馬上回答：「考試拿滿分。」聽說她國小拿滿分時，母親就會很高興；不過，如果不是滿分，態度就會丕變，冷漠對待。

可以解讀為，她的母親透過行為（溫柔對待或是立刻翻臉），釋放出「要我愛妳，就得順從母親（對方）。不這麼做，就不會愛妳囉」的訊息影響女兒。

而在長大之後，女兒內心的傷也反映在異性關係中。

只要讓對方開心，就能討到愛的想法烙印在腦海裡，所以她努力討好男性。或許起初效果不錯，但之後男生就會覺得沉重或是感到無趣吧！

「希望得到母親的愛」的想法無法獲得滿足就這麼變成大人，導致她在戀愛時也持續追求被愛。

◆做了壞事就不被愛了？

在美國，家長時常會跟孩子說一句話，「I love you, but I won't accept your behavior.」意思是「我很愛你喔。但是，我無法接受你做的行為」。

愛與不好的行為是分開思考的。

舉例來說，當我的孩子讓朋友受傷時，我不會對他說：「像這樣會欺負朋友的小孩，媽媽不喜歡！」而是教導：「媽媽很愛你喔。但是，我沒辦法接受對朋友動手的行為。」

這樣對孩子說，孩子就能理解「父母是愛自己的。只是說我做的行為不對」，內心不會受傷，也能慢慢學習社會規則。當他們為人父、為人母時，就能用相同的方式教導孩子。

例子中的母親們，如果有這樣的智慧，或許就不會讓孩子的心傷得如此重。

在閱讀本書的讀者們，為了治癒什幼時期的自己，不在孩子身上犯同樣的錯，就要找出潛藏在自己心底的創傷，希望大家都能從負面漩渦中走出來。

或許也有人覺得，母親造成的心理創傷如此深刻，不可能走得出來。

但是，請不要放棄。一定有解決的辦法。

很多來我這裡諮商的人，起初也是陷入絕望的深淵，不過，只要有「想改變現狀」的堅強意志，就一定會好轉。

這個時候不能感情用事，必須冷靜地重新檢視和母親關係不睦的原因。

下一章會提到在我過往的諮商經驗中，實際看過許多母女關係變得不睦的理由。閱讀時，希望妳可以跟母親的角色互換，或許就能看到解開束縛的線索。

第2章

為什麼與母親的關係會降至冰點？

童年造成的痛苦是父母的責任

有很多人因為與父母的關係而受傷，即使長大了，也為了仍舊沒有癒合的傷口而深陷煩惱。為什麼父母對孩子的影響如此巨大呢？

因為父母對幼兒而言——尤其是照料自己的生活起居，相處時間較長的母親——就是「全世界」。畢竟孩子的活動範圍狹小，家庭就是一切。原本該是保護自己的家人，卻出現冷酷無情的言行舉止，這對還無法獨立的孩子而言是極為痛苦的事情。

我常跟案主們說的一句話是：「在童年造成的痛苦，全是父母的責任。」

面對毫無能力的孩子，是用愛照顧，還是以肢體暴力、言語暴力對待呢……也因為是相同性別的關係，比起父親，女兒更容易受到來自母親的直接影響。

照顧的過程，母親是用「妳真是不受教的孩子」還是「妳是媽媽的寶貝」的方式呢？教養方式肯定會讓孩子在心境上有180度的不同。

換言之，女兒將來會成為什麼樣的人，全掌握在母親手上。

◆成為大人之後的痛苦，100%是自己的責任

那麼，自己運氣不好，諸事不順全都是父母的責任嗎？不是的。當我們成為大人，有了知識、經濟上也可以獨立時，就不再是無力的一群。只要知道方法，自己就能改變狀況。

如果總是怪罪母親，只要母親不改變，自己也不會改變。

每個人總是希望改變對方，想著「如果對方改變，自己就能輕鬆很多……」不過，必須記住愈是這麼想，對方就會變得愈頑固、愈不會改變。

這時只要互換立場就顯而易見。例如，有人對妳說：「我討厭妳的自以為是。如果不改，我也無法坦然地面對妳！」就會想著自己又不是故意自以為是，想要反駁些什麼吧！

因此，當我們成為大人，和母親的關係卻更加惡劣時，原因也可能在妳。或許

是妳說的話、採取的態度刺激了母親。

◆忽視問題會更加惡化

人總說「人愈老愈圓滑」，不過個性卻不會隨著歲月而變得溫和。如果覺得和以前相比，個性變得更柔軟，其實是因為體力衰退，身體不聽使喚。

年輕時只要生氣就會動手的母親，隨年紀漸增體力也跟著衰退，孩子也比自己強壯了，所以才不再動手。

已經發生的問題如果沒有解決，並不會就此打住。視而不見只會不斷地惡化，變得愈來愈複雜，這是自然法則。

想讓自己的人生更輕鬆，不是等對方改變，首要之務是要努力改變自己對對方（母親）的看法。

母女關係複雜的理由

親子問題中存在「母女」、「母子」、「父女」、「父子」四種組合。不過來我這裡諮商煩惱的人當中，以「母女」的問題為多。

為什麼母女的問題較多呢？

第一項理由是因為「對兒子的期許很簡單，對女兒卻有複雜的要求」。

基本上父母對兒子的期待都是「好好工作、養得起家」。或許因為父母那代「男人是一家之主」的觀念根深蒂固吧！

然而對女兒的期待通常很多樣，尤其是母親會有：

「因為是女孩，要打扮得漂漂亮亮。」

「跟有經濟能力的人結婚，才能得到幸福啊。」

「連道料理都不會做，當不了好妻子。」

諸如此類，期待有身為女性該有的修養。此外，無法完成的夢想也會希望女兒替自己完成。像是：

「要進入好的大學，之後在工作上別輸給男人。」

「比起戀愛，要找到更有價值的事情。」

「絕對不能放棄學彈鋼琴。」

也有很多母親會像這樣將自己的夢想託付給女兒。

母親同時追求「有女孩的乖巧沉穩」又要能「和男人平分秋色」，東要求、西囑咐，或許女兒起初會努力符合期待，但最後也會慢慢覺得厭煩，導致母女之間出現各種不和。

◆同為女性而成為母親鎖定的目標

第二項理由是「因為女人更懂女人」。這是理所當然的，因為我們只體驗過自己性別相同的部分，對異性無法全然瞭解。老實說，我們不太會對充滿未知的東西說三道四吧！

母親身為女性，所以對女兒的事情皆了然於心。像是面對女兒的初經，可能會想到：「已經長大了，如果被愛情沖昏頭，不小心懷孕就糟了！」也有些人選擇對女兒說「如果有時間談戀愛，不如努力念書」等等嚴厲的話語。

此外，有些母親也會將自己走過的路套用在女兒的行為，叮嚀著「明明這樣做比較好」，就像親切的前輩給予人生建議（不過女兒或許只覺得厭煩）。

第三項理由是「對女兒懷有競爭、嫉妒心態」。

對母親而言，女兒除了是自己的孩子，同時也是一位「女性」。看到女兒開始打扮時髦、意識異性存在，對這樣的成長感到喜悅的同時，潛意識裡也會對漸漸長成亭亭玉立的女兒感到嫉妒。

即使是情緒穩定的母親也會對女兒感到嫉妒；情緒不穩定的母親，對眼前花樣年華且愈來愈美麗的女兒更是充滿嫉妒且自卑。

無論哪種母親，不知不覺中都會拿女兒跟自己比較，那些檯面下的情感，也會讓母女間的關係趨於複雜。

得到父親寵愛的孩子成了母親的眼中釘

夫妻關係不睦的家庭，如果女兒又比較黏父親，就會讓母女關係更複雜。因為看到丈夫對女兒比對自己溫柔，就會燃起妻子的嫉妒之火，甚至將女兒視為敵人。

在這樣的家庭，父親和女兒感情融洽的話，母親可能就會萌生「自己的丈夫被女兒奪走」的危機感，在潛意識中對女兒懷有恨意。也因為父母不能嫉妒孩子的想法，讓母親內心產生糾結，最終還是會將痛苦宣洩在女兒身上。

如此讓母女問題加劇的原因雖然很多，但還是能歸納出一個解套的方式，畢竟女性較感性，所以問題通常容易解決。

心理創傷就是因為過往充滿痛苦悲傷的「情感」沒有修復，在內心築起一堵無法跨越的牆。為了修復心理創傷，有時女兒要站在母親的立場，必須從女性觀點思考「如果自己的丈夫跟女兒的感情超越自己會做何感想」等等。這樣就會意識到「重要的男人（丈夫）被別的女人（女兒）奪走」，感受到嫉妒吧！

像這樣運用感性就比較容易理解母親的情緒，進而找到解決問題的契機。反之，如果是大腦結構傾向邏輯思考、不太會感情用事的男性，邏輯性就會妨礙訴諸感性。

畢竟母女皆為女性，只要運用感性，就能解決心理創傷或是過往的傳統思想。因此母女間的問題都極有可能變成充滿希望的未來。

◆拉攏女兒才能感到安心的母親

在夫妻感情不睦的案例中，較容易發生母親想拉攏女兒的情形。孩子應該是同時喜歡父親和母親。但是母親卻不斷地說父親的壞話，讓父親成為家族中的壞人，母親和女兒之間產生奇妙的一體感，也會讓母女間出現問題。

一位美國案主萊拉（25歲），是位身材纖細，很可愛的女生。她單身，與父母同住，最近跟母親處得很不愉快，所以找我諮商解決的方法。

聽她說，一直到兩年前跟母親的關係都很好。關於父母的記憶，聽說她小時候父母經常爭吵。爭吵的原因都是父親的外遇問題，每每吵架，母親就會哭著對萊拉說：「妳爸爸真的很過分。」

一直聽到母親抱怨，所以萊拉認定父親就是摧毀整個家，讓母親傷心的可惡犯人，想著必須保護母親。

直到兩年前，父親告訴萊拉「我有話要說」，他們一起到餐廳用餐。父親對她坦承：

「因為我的外遇問題讓妳一直很傷心，真的很對不起。爸爸真心向妳道歉。但是，有件事情希望妳知道。其實我跟妳媽媽從大概結婚第五年就沒有性生活。我一直主動要求，卻被狠狠地拒絕……或許妳媽媽也有難言之隱，不過卻讓身為男性的我失去自信。也因為這樣才不小心外遇。請妳原諒我。」

父親就這麼表明心意。萊拉的年紀已經能理解男女之間的情感，對父親深表同情的同時，也開始覺得是否因為母親的強勢才讓父親如此痛苦。從那之後，母親一說父親的壞話，她就會覺得厭煩。

曾經站在同一國的萊拉態度突然變得冷淡，母親起初還會想討好；不過，在萊拉眼裡那些只是反映出母親的恣意妄為，反而加深對母親的厭惡。

我對萊拉做出以下說明。

「世界上沒有完美的夫妻。雖然妳的父親說了外遇的理由，但起因應該不只那樣。夫妻間的問題不會只有一方有錯，通常是由兩人的問題交織而成。

沒有性生活的部分，應該不是妳母親單方面拒絕，之所以演變成那樣的情形，或許母親也有她的理由。

只不過妳的母親無法對妳的父親表明，只能向妳抱怨。或許妳父親也不該因為『妻子拒絕行房』就放棄，應該可以更體諒妻子。隱藏在夫妻問題下的真相，即使是女兒也不見得完全瞭解啊。」

現在萊拉已經可以理解，父母也是男人、女人，只要是夫妻，相處上就一定會有各種問題。萊拉也因此能持續修復與母親間的關係。

但是如同這個案例，當母親想拉攏女兒，其恣意妄為的想法就會讓母女間的關係變得複雜。

母親期待女兒成為「另一個自己」

也有母親會將女兒視為鏡子另一端「自己的分身」，強迫女兒也做和自己相同的行為。

舉例來說，如果是打掃魔人、有潔癖的母親就會說：「如果是我，這裡就會整理得更好，妳怎麼不會呢？」

孩子會覺得這些話是逼迫自己「要跟母親擁有相同的價值觀」而反彈。

這時候如果加入手足的因素，就會讓情況變得更複雜。舉例來說，會察言觀色的么子看著兄姊反抗母親而挨罵，就會判斷「為了討母親歡心，還是照母親說的去做比較好」，在母親開口前就先打掃完畢。

一旦如此，母親會對么子寵愛有加，反而將矛頭對準姊姊「明明是姊姊還這麼不乖！」這些都會讓母女之間的嫌隙更加嚴重。

◆不走母親安排的路

順從的確能討母親歡心。不過，我不建議讓自己走在母親安排的人生道路上。因為很多找我諮詢的人在面對升大學、就業、結婚等等人生重要的關卡時，選擇漠視自己的心聲，順從母親的決定。不過，她們通常也都對過往的人生感到後悔、痛苦。

對母親而言或許是「順從的好孩子」，但是對女兒來說，只是為了討好母親「才當個乖孩子」。

漠視自己的心聲，內心的不滿必定會爆發，導致對母親的怨恨逐漸累積，讓母女關係趨於惡化。

因為母親的漠視而受傷

縱使看起來和一般家庭無異，還是可能隱藏著各種祕密。

這個例子是對母親恨之入骨的26歲女性，她的名字叫做蘿拉。她在9歲到15歲期間曾遭到父親的性虐待。

故事的開端是她和父親單獨在家，父親讓蘿拉坐在他腿上，往她私密處頂去。雖然才9歲但還是意識到「有點不對勁」；當她將這情形告訴母親後，卻得到「你父親不可能做那種事」如此輕描淡寫的回應。

之後每當母親不在，父親就會接近蘿拉，強迫發生性行為。蘿拉雖然跟母親說了好幾次，母親卻完全不當一回事。

蘿拉也曾想過要逃家，但想到如果被父親找到就覺得害怕，所以始終提不起勇氣實行，只好持續忍受那些難以忍受的行為。

有一天，終於發生母親無法再漠視的事情。趁著母親外出，父親一如以往扒光蘿拉的衣服，這時突然早回的母親目擊整個情況。

不過，母親卻沒有救她，只是不發一語地離開。「為什麼不幫我？」「不管我發生什麼事情都無所謂嗎?!」面對不但沒責備父親，還裝作什麼事都沒發生的母親，蘿拉內心充滿著憤怒。

◆無法做到沒有學過的事情

雖然也想要找人談談，卻害怕別人對自己好奇的眼光，蘿拉26歲前從未找人談過。不過，不相信人、不相信男人的她還是想改變這樣的狀況，所以找我諮詢。

我問蘿拉：「妳知道媽媽過去的事情嗎？」她說：「媽媽不太跟我說，但是當我跟她說，希望幫我制止爸爸那樣的行為時，她說『我也有過那樣的遭遇，妳也忍耐吧』或許，媽媽也曾經跟我一樣。」

母親之所以沒有救蘿拉，或許是不想讓已經不睦的夫妻關係再受影響，變得更加惡化吧。此外，依據蘿拉所說，母親之所以沒有出面保護她，是因為自己本身也是沒有受到母親保護的犧牲者。她不曾學習過不管女兒多痛苦，當母親的都要義無反顧地保護。

我們無法做到沒有學過的事情。因此，即使看到丈夫做出不可原諒的行為，還是選擇視而不見導致悲劇發生。

歷史總會重演，我們也在複製父母對我們做過的事情。所以才會說父母養育兒女所背負的責任重大。

內心缺乏緩衝空間的母親心理是什麼？

美國曾發生過一起悲慘事件。有對因為工作舉家前往美國的日本夫妻，後來卻發生母親和兩個孩子一起自殺的慘劇。

丈夫在不習慣的外國環境拚命工作，妻子不僅不懂英文，也不會開車，只能整天待在家。

如果是像日本區等日本人很多的地方還好，不過他們卻是搬到沒有日本人居住的地區。或許也因為受到有色眼光看待，心裡不好受吧！加上語言不通、無法外出、也沒有外出的勇氣，就連唯一親近的丈夫也因為忙碌無法討論，因此深陷瓶頸，於是帶著孩子結束生命。

這位母親應該沒想到，其實只要放鬆就能療癒內心吧！她的情緒應該是緊繃到了極限。

當情緒缺乏緩衝空間，就無法顧慮別人，就連對象是自己的孩子也一樣。不僅如此，也會呈現把自己逼到懸崖邊般的精神狀態，最壞的情況就是發生像前述這樣的悲慘事件。

◆丈夫的一句話就能解救妻子

在日本，把積極投入照顧子女、做家事的男性稱為「育兒男（IKUMEN）」，這個說法似乎也成了話題。我覺得那樣的想法很好，當夫妻雙方在家事以及育兒上都能彼此合作，就能減輕母親的負擔，讓母親的內心有些緩衝的空間。

當母親的內心有了緩衝空間，對孩子不講理的要求也會變少，也許還能減少產生嚴重心理創傷的可能性吧。

在美國，由父母雙方合作，平均分配家事跟育兒的概念已經根深蒂固。與日本人案主諮商時，還是可以聽到很多「丈夫只專注工作，完全不幫忙家事跟育兒」的抱怨，不過卻很少聽到美國人有那樣的煩惱。

住在美國後我感受到，這裡的男性會認為家事也是很重要的工作。

接下來要說的，已經是三十年前的事情了。那時我跟美籍丈夫結婚不久，就像是我從小對我父親所做的一樣，丈夫準備外出工作前，我開始擦他的鞋子。丈夫走到玄關看到我的行為大吃一驚，從我手中拿走鞋子，並且說：

「You are my wife. You are not my servant. Stop that!」

（妳是我的妻子，不是傭人，別再做這種事。）

此外，我下廚時，他也說：

「Now, you sit down and relax. Since you cooked, it's my turn to clean the dishes.」

（好了，妳就坐下好好休息。因為是妳煮飯，洗碗盤就交給我。）

絕不會讓我洗碗盤。

或許正因為有這樣的丈夫，讓我情緒上有足夠的緩衝空間，當主婦的同時也能在研究所念書，取得博士學位。雖然我沒有孩子，但如果成了母親，應該也能好好關心孩子吧！

◆孩子也會學習父親對待母親的方式

母親對孩子沒有耐性，通常是因為疲憊，情緒上沒有緩衝空間。想著自己得一肩扛起做家事和育兒的重擔，除了對置身事外的丈夫怒火中燒外，同時也會責備自己為什麼得這麼辛苦。

當自己陷入苦惱，就會把矛頭指向無法忤逆自己的孩子來消氣。父親會欺負母親，母親會欺負孩子，孩子會欺負小狗，小狗會欺負小貓……出現像是托爾斯泰的童話《拔蘿蔔》般的連鎖關係。

為了終止負面的連鎖效應，丈夫對妻子表現同理心、體貼也是很重要的。

不善表達的母親對孩了的傷害

來到美國之後，還有其他事情也讓我感到驚訝。那就是母親會對周圍的人毫不掩飾地誇獎自己的孩子。

從日本剛到美國時，如果在路上對著推嬰兒車散步的女性說：「真是可愛的寶寶啊！」母親也會回：

「很可愛吧！真的讓我愛死他了！」

「已經快三個月了喔，真的很可愛。我每天都很幸福。」

她們會如此充滿喜悅地和你聊。甚至還會說「要抱抱看嗎？」馬上從嬰兒車裡抱起寶寶給我。因為沒抱過嬰兒，還記得那時我很緊張地說：「如果掉下去就糟糕了！」

現在日本的年輕媽媽們或許已經有誇獎孩子的習慣，但是我對三十年前日本母親的印象是，如果對她們說：「小朋友好可愛啊！」她們就會出現：

「沒那種事。真的很不好帶啊。」

「這孩子很頑皮，真讓人傷腦筋。」

「每天都惹人生氣啊！」等等負面的回應。

或許這是日本用謙虛映襯對方的特有文化，但是就以孩子的心理來說，應該希望母親誇獎自己。

尤其是女孩子，如果總被說「如果能長得更美就好了」等等，在外貌被否定的環境下成長，將來對自己的外貌、內在都可能失去自信，陷入痛苦。

大部分的母親應該都覺得自己的孩子最可愛才是。卻因為沒有坦率地表現，反而可能傷到孩子。

當然美國人之中也有將育兒跟家事全交給妻子的男性，也不是所有的母親都會誇獎孩子。也有很多讓孩子在心裡留下嚴重心理創傷的問題家庭。

但是，在這個國家的確把家事跟育兒應該平均分配、誇獎孩子視為理所當然。光從這點來看，應該比較容易營造出良好的親子關係吧！

第3章

讓女兒內心受傷的10種母親類型

妳的母親是哪種類型？

在第2章提到母親會如何用行為、話語傷害女兒，導致出現怎樣的心理創傷。諮詢過許多案例後發現，基本上可以將母親對待女兒的類型區分成10種。無論是什麼樣的母親，一定會擁有這10種性格中的一種或是多種。

本章為了讓母親的各種類型更明確，會針對最具特徵的傾向進行說明。如果覺得「我母親沒有那麼過分！」的讀者，也請思考看看並從中選出較貼近的狀況，一定會有相符的類型。

瞭解母親的類型後，應該就能理解母親曾經有過怎樣的心理創傷、在怎樣的環境下成長、為什麼母親會對自己說出如此傷人的話。此外，也能理解為什麼即使長大仍無法擺脫母親的束縛。

確認原因後就能找到解決方式（各種類型的對應方式會在第4章說明）。也因為對母親有了全新的看法，應該不會像以往流於情緒化吧！

【類型1】控制型母親

性格特徵與對待女兒的方式

總是以自己的想法支配女兒

這類型的母親與孩子之間不會設定界線，將孩子視為自己的影子。她們通常出身於家教甚嚴的家庭，因為自己也曾被父母掌控，當自己成為父母時也會無意識地掌控孩子。

面對女兒時，從穿著到與人交往，舉凡日常生活的各種細節，總是會出言叨念，希望按照自己的想法加以控制。強烈希望女兒一直待在身邊，將女兒塑造成自己想要的樣子，所以會一一檢視女兒的各種行為。

如果女兒抵抗，母親就可能出現攻擊且批評的行為。也會有過度關心，對什麼事情都無法坐視不管的傾向。無法放任、給予自由，會給人過度保護的印象。

此外，不少案例是將自己無法實現的夢想託付在孩子身上，不顧女兒的想法，強烈希望她走在自己安排好的道路上。虎媽就是這類的典型。不過，當女兒徹底反抗時，可能會回想起自己曾受父母掌控的成長歷程，而稍微理解女兒的心情。

另外，也有控制自己丈夫的傾向。

控制型母親的口頭禪

- 「去哪裡了？」
- 「為什麼這麼晚？」
- 「到了〇〇一定要打電話。」
- 「我絕不會允許這種事。」

控制型母親管教下的女兒特徵

□自己的理想容易受男友、另一半左右
□覺得欠缺自我
□明明想義無反顧地投入工作、興趣，卻總會臨時踩煞車
□習慣依賴他人

故事1 生了孩子後，惡夢重現！

幸子（30歲）育有1歲大的女兒。由於母親擅自來家裡，導致自己連續失眠，於是跑來我這裡諮詢。

母親就住在附近，每當想看孫子就擅自跑來家裡。如果只是喝個茶就回去那也就算了，但總是一待好幾個小時，並且還會出言干涉，像是「妳沒打掃乾淨」、「妳是怎麼管教孩子的啊？」等等。

幸子說：「明明已經結婚、獨立生活了。不知道為何還要被母親這樣說三道四！」

為了逃離母親選擇早婚，卻……

聽了幸子分享童年往事，她的母親果然是典型的控制型母親。

明明正值想打扮的年紀，卻被指責「那種衣服真是難看，不要穿了」。母親偷看自己和朋友的交換日記，請母親不要看卻被回：「知道妳都做些什麼事情是當父母的權利。」如果下課稍微晚歸，居然就直接跑到校門口，怒氣沖沖地說：「真讓人擔心！」

為了離開這樣的母親，所以興起了早婚的念頭，22歲就和初戀男友結婚。結婚後過沒多久，因為先生調職而搬家，能因此和母親分開，其實讓她鬆了一口氣。

過了幾年，跟父母提到應該可以買房了，母親說：「不如住在我們附近怎麼樣？如果生了孩子還能幫妳帶，父母住附近應該方便不少吧！」幸子也想著，現在已經獨立了，應該不會再叨念這個、那個了吧，於是便答應了。

只不過，當孩子出生，母親就會用想看孫子、幫忙照顧孫子的理由，幾乎每天都來家裡。如今惡夢重現，幸子開始後悔在老家附近買房。

【類型2】被害妄想型母親

性格特徵與對待女兒的方式

看起來軟弱，善於用心理操控女兒

這類型的母親會扮演悲劇女主角擄獲女兒的同情，操控女兒讓她依自己想法行動。「身體疼痛所以過來幫我吧」、「拿不動重物」、「寂寞到想死」等等，讓自己處於弱勢，使喚女兒幫忙。

這種母親還有另一項特徵，就是把過錯推給他人或是社會，一切都不是自己的責任。就算是自己跌倒導致腰痛也會跟女兒說「就是因為妳不幫忙才會這樣」，推諉責任。

此外，如果不幫助這樣「可憐的母親」，就會說：「媽媽怎樣都沒關係嗎？」「如果發生什麼事情，都是因為妳。」等等，讓女兒背負罪惡感。

一旦這麼被說，女兒為了逃避罪惡感就會如同奴隸般順從母親的話。

扮演軟弱可憐的形象，引來周圍關心的被害妄想型母親，她們會善用心理影響周圍的人，其實一點都不軟弱。

會將責任推給他人，總是認為自己可憐，幾乎不會顧慮其他人的想法。

如果女兒順從自己，這樣的母親至少會在表面上展現貼心的一面作為回報。

被害妄想型母親的口頭禪

●「如果妳不在什麼都做不了，可以來一趟嗎？」

●「都沒有人要理會像我這種人，活下去也沒意思啊！」

●「我會變成這樣，都是○○的錯。」

●「如果不是因為○○，根本不會變成這樣。」

被害妄想型母親管教下的女兒特徵

□被上司責備時，就會悲觀地覺得「為什麼只有我」

□被責罵時，就會像悲劇的女主角般，表現出「楚楚可憐的樣子」

□受到厭惡時，就會拚命想改變對方的看法，習慣討好對方

故事2 每次都被使喚……

在洛杉磯長大的昭江（51歲），母親是日本人，父親是美國人。目前是牙體技術師，和先生一同生活，沒有孩子。相差3歲的姊姊也住在附近。

昭江的父母在她16歲時離婚，姊妹倆都由父親照顧。父母剛離婚時還是有跟母親見面，但隨著母親再婚，搬去西雅圖後，半年也見不到一次，也因此會感到寂寞。

不過六年前，母親在再婚對象離世後又回到了洛杉磯。心繫著母親的昭江說：「媽媽可以回來真的很高興。」

母親獨自一人生活，某天爬樓梯時不慎滑倒導致腰疼。母親住在離昭江家開車四十分鐘左右的地方，自從腰疼後，就會三不五時用「我頭暈妳過來一下」、「我膝蓋痛到不能動，可以過來幫我做飯嗎」、「幫我買東西」等等的理由使喚昭江。

昭江如果拒絕：「今天有點不方便……」母親就會動怒：「是不是都不管我了！」接著馬上又大哭著說：「這樣麻煩妳真是抱歉，我這老太婆如果就這麼走了，就不會再麻煩任何人了。」昭江只好回：「知道了，我現在就過去。」順從地前往母親家。

這種狀況連續好幾年，面對愈來愈任性的母親昭江已經無力照料，所以雖然本人不同意，還是讓母親住進了照護機構。

然而母親即使住進了照護機構仍舊予取予求，抗拒去廁所而把床單用髒、抱怨餐點腐敗等等，當機構無法處理時還是會請昭江出面。

當昭江到的時候，母親就會說「機構的人沒有好好照顧我」、「他們心地很壞」等等，變成把昭江叫到機構來。

雖然姊姊不喜歡母親，母親卻總誇獎完全沒照顧自己的姊姊，這也讓昭江不是滋味。

因為生活作息完全被打亂，昭汀開始感到疲憊以及迷惘。

想被所有人稱讚的貪婪習性

案例中的這位母親已經習慣操控女兒。母親察覺昭江渴望母愛，便抓住這個弱點加以控制。

被害妄想型母親會讓自己看起來像是軟弱無力的人（或是事實上也相信自己就是如此），擅長博取周圍的同情。對著能讓自己予取予求的女兒會徹底展現任性，把女兒視為奴隸般對待。

另一方面，她也努力吸引討厭自己的女兒的目光。會不斷稱讚昭江的姊姊，應該也是因為這樣吧！

被害妄想型母親就像是舞台上的主角，貪婪地希望所有人的目光都聚集在自己身上。

【類型3】完美主義型母親

性格特徵與對待女兒的方式

不認同努力，只追求完美的結果

這類型的母親嚴厲且愛批評。無論孩子多麼努力，只要覺得不夠完美，就會否定付出的努力。

舉例來說，當孩子拚盡全力念書成績進步了，她也會生氣地說：「還是有寫錯啊！得更努力才行啊！」等等，眼裡只看得到缺失。如果得到100分滿分，則會高興地誇獎「真棒啊」。

她們認為不是好人就是壞人、不是聰明就是笨蛋、不是成功者就是失敗者，用非黑即白的思維斷定事物，在這類母親的教育下成長的孩子，通常容易緊張或是感到不安，難以放鬆。

這類型的母親希望孩子完美，但畢竟世上沒有完美的孩子，所以只看到孩子的缺點。尤其是看到身為同性的女兒的缺點，會覺得是自己的缺點被看到，所以相較於兒子，對女兒的方式會更加嚴厲。

害怕被淘汰，所以在工作上是要求完美的工作狂，也會勉強自己做好家事，身體可能會因此出問題。

完美主義型母親雖然對孩子嚴厲，卻不是任性妄為的母親。因為自己從父母那裡只學到這種教育方式，出於「只要完美，女兒就能擁有美好人生」的心情，才不斷地追求完美。

完美主義型母親的口頭禪

- 「一定要做到〇〇啊！」
- 「這種程度，怎麼會做不到呢？」
- 「再更努力一點！」
- 「真的很笨耶！」

完美主義型母親管教下的女兒特徵

□對自己好會有罪惡感

□做想做的事卻得不到成就感與滿足感
□不知道如何放鬆，經常陷入緊繃狀態

故事3 **孫子出生，女兒卻拒絕媽媽幫忙！**

良美（53歲）因為丈夫工作的關係，十年前就住在洛杉磯。獨生女與美國人結了婚，兩個月前剛生了寶寶。

對良美來說是第一個孫子，所以想馬上過去幫忙，不過女兒卻以「可以不用過來」回絕。

然而上個月女婿卻聯絡她：「太太自己照顧孩子，似乎出現一些精神官能症的症狀。我不太能請假，所以很擔心她跟孩子。雖然她拒絕您的幫忙，還是可以請您過來嗎？」

良美到了女兒家，的確看到女兒抱著孩子露出疲態。見到女兒照顧嬰兒的生澀模樣，不禁叮嚀「不能那樣抱」、「在哭了喔。有沒有換尿布啊」卻也因此讓女兒情緒失控！

「就是因為這樣才不想讓妳幫忙！快點回去吧！」良美也因為女兒的激烈反彈

而被迫離開。

女兒原本是很溫和的孩子，或許真的是精神方面不適才導致這樣。這種情況下女兒真的能照顧孩子嗎？因為擔心不已所以找我諮商。

少女時期時缺少母親的誇獎

因為歷史會重演，所以我問良美與她母親之間的關係。

良美出生京都，父母經營旅館，她還有位小三歲的弟弟。因為是小型旅館，工作人員不多，所以從小就得幫忙。

擦拭走廊、打掃廁所、擦窗戶、整理庭院等等，縱使良美已經很努力，但無論再怎麼打掃，幾乎都過不了潔癖母親那一關，母親總會以「還是很髒」否定，然後動手從頭再做過。

因為母親都不會讓弟弟幫忙，只對自己嚴格，所以良美對母親相當反感。母親的口頭禪是「女孩子總會嫁人，所以什麼事情都要會」。升上國中後就得幫忙做料理，無論怎麼做都會被責罵「不夠鹹」、「米飯的水量不對」。

再怎麼努力都得不到肯定，學生時期就與大學同學結婚，「逃家似地」離開家裡。良美回想那時，雖然自認什麼都做不好，另一半卻會誇獎自己的料理「超好吃！」讓自己雀躍不已。

適得其反……

良美的母親是完美主義型母親。雖然良美討厭那樣的母親，以結婚的方式逃離母親。但遺憾的是，良美潛意識裡已經烙印著完美主義型母親的教育方式，讓自己現在也成了完美主義型母親。

其實女兒不想讓良美幫忙還有另一項主要理由，就是女兒本身的極端想法：「無論再怎麼疲累，自己的孩子就是要自己照顧。不借他人之手」，所以才拒絕母親的幫忙。

女兒承接來自完美主義型母親的精神，即使自己已經疲累不堪無法照顧孩子，讓孩子暴露在危險的狀態中，也「絕對」不能向外求援。因為認定向外求援，自己就是「不及格的母親」。

在完美主義型母親的教育下成長的女兒，面對母親的角色只有及格與不及格這兩種選擇。

就像適得其反這句成語所說的，雖然想著「絕對不要像母親那樣」，不過一回神，其實自己的行為與母親如出一轍，這就是心理創傷的影響力。

【類型4】守舊型母親

性格特徵與對待女兒的方式

「女人要順從男人」的思想深植內心

這類型的母親守舊、保守，擁有所謂男尊女卑的想法。她們可能在母親需要忍受父親強勢威嚴的家庭中成長。

總是感受到男性的壓迫，或是實際上的確受到壓迫，表面會勉強自己做足面子給男性，內心卻對男性有不好的印象。

守舊型母親被自己的母親教導著「女人跟經濟能力好的男人結婚，做個家庭主婦照顧家庭，就是最幸福的事情」，也會對女兒傳遞一樣的想法。

像是：不管女人遇到什麼事情，都要以男人為主；女人在經濟上只能靠男人；對丈夫的求歡也不能拒絕，必須完成「義務」。

或許守舊型母親被教導房事是義務，自己沒有拒絕的權利，所以對房事通常有著強烈的厭惡感，也不時會將「骯髒」、「男人只是個好色的動物」等等的負面觀念教給女兒。

同時也會教女兒「因為男人就像動物一樣，難免會出軌一兩次」。面對出軌的女婿，也會建議女兒「只要忍耐就能相安無事」、「絕對不能離婚」。

像這樣的守舊型母親會對女兒洗腦「少了男人，女人在精神上、經濟上都活不下去」、「男人對女人是不可或缺的存在」。

這種類型的母親對女兒懷著濃厚的情感，處處想保護女兒，卻只能以這種形式呈現，其實也令人同情。

守舊型母親的口頭禪

- 「男人都沒用！」（很多都是表面為男人盡心盡力，但內心卻厭惡男人）
- 「不能太做自己。」
- 「要有女孩子該有的樣子。」
- 「不能忤逆男人。」
- 「女人只要跟有經濟能力的男人結婚就好了。」
- （如果跟母親討論到房事）「妳必須要滿足對方。」

守舊型母親管教下的女兒特徵

□明明瞧不起丈夫或是情人，卻離不開
□認為家事跟育兒都是女人的工作
□與情人或是丈夫的房事不協調

故事4　如果房事不配合，就會被甩掉？

「不斷失戀的人生，我已經精疲力盡了。」28歲的潔西卡走進諮商室時說了這麼一句話。

潔西卡想著如果拒絕對方的求歡，對方就不會想再約見面，所以只好順著對方的意。期待順從對方就能擁有更親密的關係，不過對方卻逐漸變冷淡，最後甚至不再聯絡。

與最近這任男友在四個月前分手，似乎是目前交往過的男性中最喜歡的，所以一直放不下。只要想到男方有了新戀情就受不了。晚上還會把車子停在男方公寓附近，觀察對方是否是自己一人回家等等，反覆出現跟蹤的行為。

潔西卡嚴肅地談到：「我恨那些讓我有不堪回憶的男人。」

說著父親的壞話卻仍順從發生關係的母親

潔西卡的父母總是爭吵不斷，母親幾乎每天把「都是因為妳，我才忍著不離婚」掛在嘴邊。

雖然不斷說父親的壞話，但母親依然對他百依百順，潔西卡也曾看到母親晚上配合行房的樣子。

潔西卡的母親屬於憎惡男人，卻對男人全心付出的守舊型母親。母親對她洗腦「就算再怎麼痛苦，都得服從男人」。所以潔西卡不會拒絕男人的要求，認為順從是理所當然。

男人起初或許會對獻出身體的女人感興趣，但不久就會因自己送上門而失去新鮮感。然而潔西卡卻不明白為何百依百順還是被甩，認為「明明都順他的意了，為什麼?!」無法輕易放棄，甚至成了跟蹤狂。

【類型5】自卑型母親

性格特徵與對待女兒的方式

以貶低周圍的人求得內心安穩

這是種會強烈認為「自己比不過其他人」的母親類型。常常會拿自己跟對方比較，透過貶低周圍的人建立自己的優越感。

這類型母親的特徵是，過去常常會被親人、周圍的大人拿來與手足、鄰居的孩子做比較。很少得到誇獎，總認為「自己很沒用」。因此無法認同原本的自己，常常因自卑感而苦。

競爭意識強烈、容易嫉妒也是特徵之一。也有以面對另一個女人的方式看待女兒的傾向，與日漸長成健康且亭亭玉立的女兒相比，並因此感到自卑，進而將不滿發洩在女兒身上。不過當女兒鬱悶難解時，就會回想自己的痛苦過往，對女兒產生憐憫之情。

如果有多名子女，傾向偏心較聰明或是外表較可愛的孩子。由於母親自認不如他人，所以會透過偏心成績或是外表較佳的孩子，覺得自身價值也跟著提高，沉浸在優越感中。如果只有獨生女，沒有可比較的家人，也會跟附近比較聰明或是外貌較出色的孩子相比，挑剔女兒。

自卑型母親的口頭禪

- 「妳真的很沒用耶！」
- 「妳怎麼這麼遲鈍呢？」
- 「妳是在瞧不起我嗎？」
- 「絕對不要輸給那個人！」

自卑型母親管教下的女兒特徵

- □一想到未來就覺得沉重
- □總是與人比較而情緒低落
- □喜歡八卦。樂於說他人的壞話
- □常會被人戳到痛處

故事5　差點把女兒趕出門的母親

漢娜（27歲・單身）在洛杉磯幫忙經營餐廳的父母。雖然還有位年長五歲的哥哥，不過他任職於大企業，父親也有想讓喜歡餐飲業的漢娜繼承這家店。

可是當父親愈看重漢娜，母親就愈反對。漢娜說：「不只是這件事，我的所有事情母親都反對。」母親上了年紀後就愈來愈挑剔，與漢娜的衝突也愈來愈多。

某天，父親病倒了。明明同住一個屋簷下，母親居然說：「我會照顧妳爸。妳也27歲了，也該自己獨立生活了」想把漢娜趕出家門。雖然漢娜不在意母親的想法，卻無法放下生病的父親離家，煩惱著「如果無法獲得母親的諒解，就無法待在家」而來找我。

對女兒燃起敵意?!

漢娜的母親應該是屬於自卑型的母親。

詢問漢娜小時候的事情，得到的回答是「我覺得比起哥哥，爸爸比較疼我。拜託爸爸就能得到想要的東西，也會帶著我到處去。但是，爸爸不太會買東西給媽媽，也不會帶她出門。」

漢娜的母親因而對丈夫寵愛的女兒產生嫉妒與敵意。上了年紀後變得愈來愈挑剔，是因為與年輕貌美的漢娜相比，不想承認自己已經年老色衰。

不想讓女兒照顧生病的丈夫，則是顯露出想在此時獨占丈夫的心情。這位母親拚了命地想擺脫自卑感。

或許無法相信有母親會嫉妒自己的女兒、懷有敵意，不過這其實就是自卑型母親身上常有的特徵。

【類型6】表面工夫型母親

性格特徵與對待女兒的方式

對周圍的人會打腫臉充胖子

這類型的母親會在意周圍的眼光。她們有很多是成長在雖然表面上看起來理想，但只是金玉其外，內在其實缺乏親情的家庭。

她們會以周圍的想法決定自己的價值，因此很在意外表以及地位。會逞強地打腫臉充胖子，所以喜歡讓孩子穿著名牌服飾、參加考試就讀名校、與有錢人來往。

對這種類型的母親來說，會以培養出讓外人欽羨的女兒為優先。因此會要求女兒的結婚對象得在一流企業工作、名校畢業等等社經地位高的人。

如果女兒受到他人肯定，也會覺得自己的價值跟著提升，沉浸在優越感中。只要周圍肯定，自己的價值就會提升；如果沒有獲得周圍的肯定，價值就會下跌。

因為最厭惡被批評，所以也會有保護女兒，希望女兒不會受到團體排擠的心情。尤其在注重團體生活的日本，更能凸顯沒有迎合周圍就無法過得順遂的可憐母親的心情。

總是在意他人目光，雖然外表光鮮亮麗，但壓抑的情緒卻堆積在內心，有時也會發洩在家人、孩子身上。

表面工夫型母親的口頭禪

- 「很難看，別再出現○○的行為。」
- 「做了那種事會被外面的人恥笑。」
- 「不要讓周圍的人討厭。」
- 「很丟臉，請停止○○。」

表面工夫型母親管教下的女兒特徵

□做任何事之前都會先想到「別人會怎麼看」
□崇尚名牌
□如果覺得服裝或髮型不對，就不想外出

故事6　四年不見卻改不了囉嗦！

我的朋友真美（50歲），曾經跟母親大吵一架後，半夜從日本打電話給我。真美在38歲時認識了住在日本的美國軍人並且結婚。目前住在北卡羅萊納州。

真美打電話給我，是在她回日本四國的娘家一個月左右的時候。明明隔了四年才回家，一進家門，母親在玄關開口講的第一句話竟然是：「哎呀呀，已經老大不小了，還穿著大紅外套。鄰居看到會被笑啊，馬上給我脫掉！」

真美原本暗自期待母親說的是「好久不見啊！大老遠的很辛苦吧」，對一點都沒變的母親感到很失望。

另外，要去附近買東西時，「別穿那樣出門！」、「別走右邊的路！那裡的婆婆媽媽很喜歡說人是非」等等，待在娘家的期間，母親總是這種態度。真美忍無可忍地說：「難得回來一趟，為什麼還這麼囉嗦？我不會再回來了。」與母親大吵了一架。

無法跟母親走在一起……

真美的父親是高中老師，母親則是家庭主婦。比自己小四歲的弟弟目前在國中教書。

母親在18歲時生下真美，或許覺得太年輕就當媽媽而覺得羞恥，所以外出時都會說：「不要跟我走在一起。跟在我後面就好。」從來沒有母女倆並肩走過。

國中時，母親說：「真是難看，去把頭髮剪短！」真美卻故意把頭髮留長。某天早上母親居然拿了剪刀靠近正在睡覺的真美，然後抓著頭髮剪掉。

此外，小時候媽媽就時常耳提面命地說：「不知道什麼時候會發生意外狀況被人看到，所以要穿得體的內衣褲。」

想保護女兒的心情卻以極端的行為表現

真美的母親外表像是控制型母親，不過卻屬於表面工夫型的母親。與其說控制女兒，其實是以「希望給他人留下好印象」為最優先。

拒絕跟女兒走在一起，是因為害怕鄰居會對這麼年輕就生孩子的事情說三道四，對這種類型的母親來說，不符合社會標準就等於讓自己價值降低。

另一方面，卻也想保護女兒不受到外界嚴厲的批評。會對頭髮、內衣褲囉嗦也是不希望女兒被說得很難聽，不過如果過了頭就會出現極端的行為。

對孩子來說雖然會有窒息感，卻是出自母親為孩子著想，一種思慮不周的愛的表現。

【類型7】欲求不滿型母親

性格特徵與對待女兒的方式

總是忿忿不平，不斷抱怨

這類型的母親會因為自己的慾望沒有被滿足，而時常忿忿不平，不斷抱怨。她們意志薄弱，就算有想做的事情，也常常無法意志堅定，或是隨波逐流而放棄，成為讓自己忿忿不平的種籽。

憂鬱特質、總是抱怨，所以待在這種人身邊常常會被吸光能量，感到疲憊。因為知道比起對兒子說，同性的女兒較能產生共鳴，願意傾聽自己，所以傾向找女兒吐苦水，而讓女兒產生心理創傷。

這類型的母親無法戰勝來自周圍的壓力，無法說「不」而讓自己位居次位，反而容易迷失自己，不知道自己想做什麼。換句話說，如果能開始對自己真正想做的事情努力，就能從欲求不滿中解放，與女兒的關係也能自然地改善。

欲求不滿型母親的口頭禪

- 「唉~真累。已經撐不下去了。」
- 「如果沒有妳（女兒），我早就跟妳爸離婚了。」
- 「其實我是想做〇〇的工作……」
- 「我的人生究竟算什麼？」

欲求不滿型母親管教下的女兒特徵

- □容易放棄自己的願望、夢想
- □無法拒絕別人的請求
- □比起優點，更會注意到對方的缺點
- □會無意識地抱怨

故事7　無法拒絕他人的後遺症

真希子（36歲）的先生任職於大企業。真希子常常與同事們的太太往來，其中特別容易被先生主管的妻子K太太牽著鼻子走。

K太太總是會集合同事的太太們，一起開茶會、午餐會、家庭聚會等活動。因為是主管夫人，就算是有點勉強，真希子還是會硬著頭皮參加。現在真希子不僅被要求擔任召集人，其他太太也開始會拜託她做一些雜事。

無法拒絕他人的真希子就算再不情願也會照做。因為真的很不想做，所以就會跟家人、朋友訴苦。

「因為其他人的事情剝奪了跟家人相處的時間。明明有一堆想做的事情，卻都忙別人的事，別說是家人了，就連自己的時間也沒有。真的不知道該怎麼辦……」

就這樣，她拖著疲憊的身心找我諮商。

母親的抱怨烙印在潛意識裡

與真希子諮商的過程中發現，原因果然出在真希子的母親。

真希子的母親就算再累、再討厭，只要是同住在一個屋簷下的婆婆提出要求，她還是會硬著頭皮接受。

而母親的煩躁全都發洩在真希子身上。

「都沒有想過我的心情，全部要我做，婆婆真的很差勁！」

「必須跟那種婆婆住在一起，我的人生一片黑啊！」

真希子幾乎每天都會聽到這種抱怨。

在如此環境下成長的真希子，潛意識有了「上位者說的話，就算是自我犧牲，也得服從」的觀念。所以相較於自己的情緒跟時間，總會優先處理主管夫人的事情。

她的母親甚至會說：「如果不是妳，我早就離婚了，不會因為這種婆婆累壞自己……」把一切的過錯推給真希子，更讓真希子養成無法拒絕他人的性格。

母親的抱怨影響了真希子的個性，也可以說是讓她的人生變得更困難了。

【類型8】幼稚型母親

性格特徵與對待女兒的方式

心智年齡停滯的大人。把自己看得比孩子重要

這種類型是心智年齡如同孩子，成長停滯而成為大人的母親。以自我為中心，「想要就是想要」、「想做就是想做」，態度像個任性的孩子般。

所有人在成長過程中，童年都會經歷一段以自我為中心的階段。在父母親充滿愛的陪伴下，孩子會順利地從以自我為中心的階段畢業，進入能站在對方立場思考的階段。

但是，如果年幼時期是在充滿精神虐待、肢體暴力、極為負面的家庭中成長，孩子的心智就會停留在以自我為中心的過程，停滯成長。即使生理上已經成為大人，但只會以自我為中心思考。

像這樣受過很大的傷害，內心的傷還沒治癒前就成為母親，就無法理解孩子的情緒。即使女兒感到煩惱，想要母親在身旁陪伴時，這種類型的母親還是會丟下一句

「我要跟朋友去泡溫泉」，棄女兒於不顧。

因為是自我為中心的思考方式，就算經濟不允許還是會買想要的東西，或是衝動地不斷改變計畫、任性妄為。

也由於不會站在他人立場思考，所以通常與職場、友人、親戚等的交往會出現問題。或許也可以說是披著大人外衣的孩子。

幼稚型母親的口頭禪

- 「妳跟我說那些也沒用啊！」
- 「妳也要體諒一下媽媽。」
- 「為什麼一定要忍耐呢？」
- 「因為這點小事就生氣嗎？」（因為無法站在他人立場思考，所以就算在眾人面前讓女兒感到羞恥或是傷心，都不會覺得是自己傷害到女兒）

幼稚型母親管教下的女兒特徵

□明明是別人有事想討論，但話題總是繞回自己身上

□不考量經濟能力，有想要的東西就會馬上買
□完全無法理解對方的情緒
□不知道如何與孩子相處，不管相處再久也無法付出感情

故事8 **恣意妄為的母親拖累整個家**

21歲的琳達希望大學畢業後能當高中老師，目前與父母以及小八歲的弟弟同住在聖地牙哥。因為她從以前就對有豐富自然景觀的科羅拉多州懷有憧憬，所以跟父母說之後想在科羅拉多州的城市「丹佛」就職。

父親表示贊成，母親卻極力反對，激動地說：「妳太自作主張了！那我該怎麼辦呢？」

琳達回：「一直照顧妳，我已經累了。」一問之下，得知琳達的的母親都不管家務事。想要旅行時，就會若無其事地出走，有時也不回家。有次父親站在玄關企圖阻止母親去旅行，母親卻嚷著：「你剝奪了我的自由！」還激動地亂丟東西。

琳達國中時，父親就放棄，不再對母親多說什麼了。

琳達說：「因為母親情緒變化多端，後來我們全家就放任母親了。」所以她在

家得照顧弟弟、煮飯等，扛起母親的職責。

聽說某天晚上，原本要跟朋友外出用餐的母親突然改變心意，取消外出。看到他們三人吃飯的模樣就說：「你們都把我當成外人！」把自己關在房間。

懷孕時故意從樓梯滑倒?!

某件事的發生成為了琳達對母親不信任的關鍵，那就是「不可思議的流產」。總是把「不想再有孩子了！」掛在嘴邊的母親在琳達五歲時懷孕了。但是懷孕四個月時，母親就從樓梯滑倒而流產。

雖然說是意外，但琳達卻堅信母親是故意滑倒。

因為母親的關係，琳達擔心父親跟弟弟，遲遲無法決定是否要去丹佛，對母親的恨意也逐漸增加。

琳達的母親就是幼稚型母親。她的心智年齡大約只有五歲左右。或許琳達的母親是在缺乏親情的家庭中長大的吧！因此完全無法站在他人立場思考，養成以自我為中心的個性，成長的只有年齡的數字而已。

【類型9】成癮症型母親

性格特徵與對待女兒的方式

過度沉迷而無法顧及周圍

像是酒精（藥物）成癮症、工作成癮症、潔癖成癮症、男性（性愛）成癮症、購物成癮症等等，對某種對象過度沉迷而無法抽離的，就是這種類型的母親。

因為醉心於某事物而無法顧及其他的事情。

舉例來說，有男性成癮症的單親媽媽只沉迷於男友，在育兒上極為怠慢。只要男友一聲令下，就會若無其事地離家，棄孩子於不顧。比起兒子，女兒更容易成為受害者，必須代替母親的角色照顧家裡。

在這種環境下成長的女孩早熟、獨立，卻因為無法從母親身上獲得足夠的母愛，寂寞感演變成心理創傷，為人生帶來重大的影響。

成癮症型母親可以說習性極為惡劣。這種母親一旦沉迷於導致成癮症的人事物，就會傾心投入，即使女兒渴求母愛，也無法給予任何回應。

但她們本性不壞，如果能擺脫成癮症，情緒上就有緩衝的空間，成為具有同理心的溫柔母親。

成癮症的對象如果是藥物、酒精、男性，就必須尋求專家的協助。如果是工作、潔癖、購物等等，有時候也能透過家人、周圍的人協助擺脫成癮症，使症狀大幅改善。

成癮症型母親的口頭禪

- 「〇〇是媽媽唯一的樂趣。」
- 「不要管我！」
- 「只要我想戒就能戒。」
- 「不要這麼大驚小怪！」（像是想帶她尋求專家協助時等等）

成癮症型母親管教下的女兒特徵

□即使知道菸酒對身體不好還是戒不掉

□為了工作搞壞身體

□不知道為什麼，就是戒不了購物的慾望
□認為男性（性愛）是快樂來源，精神安定劑

故事9　明明知道是沒有結果的戀情，還是分不了

智子（33歲）有位交往四年的美國男友，不過對方卻是有婦之夫。聽說交往之初就一直說「會跟太太離婚」，卻始終看不出來打算這麼做，智子因為痛苦難耐而數度想分手。

不過只要對方一不在身邊，自己的心就會揪成一團，最後都是智子主動打電話復合。

她來到我的諮商室表明：「沒有他我就活不下去。明明知道是不能愛的對象，卻分不了。醫生救救我。」

酒精成癮症母親帶大的女孩

有很多女性都無法從不倫等不會有結果的戀情中走出來，備受煎熬。這些女性身上也通常有父母帶給她們的心理創傷。

智子在三位兄弟姊妹中排行老么，父親是大企業的主管，時常出差幾乎不在家。母親雖然是家庭主婦，不過卻說：「爸爸都不在家，一直照顧你們會讓我喘不過氣來，必須轉換一下心情。」所以有時會在家裡開設料理教室。

智子表示自己對母親的「印象模糊」。直到現在還是這麼覺得，所以幾乎沒有跟母親見面。

問智子為什麼覺得印象模糊，她說因為母親在家時總會喝酒，然後發呆什麼事情都不做。因為常常喝醉，所以晚餐只能吃泡麵。不過當父親回家，母親就會性情大變，做出一桌美味料理。

雖然智子無法從母親那裡感受到母愛，但還是覺得：「母親並不是壞人。小時候也會帶我們去動物園。那時候真的很快樂。」

重現童年的心傷

聽完智子的描述，她的母親很可能是酒精成癮症。如果真是如此，就可以完全理解智子現在的行為了。

明知道有婦之夫的他「不能愛」，卻還是無法離開，全是因為男性成癮症。母親成癮的對象是酒精，在那樣環境下成長的智子，成癮的對象不是酒精，而是反映在男性上。

一旦成癮，即使知道是對自己有害也無法戒除。因為當擁有成癮的對象，剎那間就會感受到強烈的快感，暫時讓自己從痛苦的情緒中解放。

從「母親帶我們去動物園時真的很快樂」這句話就可以知道，對很少與母親互動的智子來說，帶去動物園的回憶成了「唯一的幸福」吧！

透過回味唯一的幸福，堆砌著「將來媽媽一定會像那時一樣，對自己展現母愛」的希望，即使到了現在，還是無法從渴望母愛的情緒中走出來。

那種感覺深深地刻在智子的潛意識中，開始操弄著智子的人生。成為大人的智子將無法被滿足的母愛渴望投射在男方身上，無意識地談著不會有結果的戀情，重演相同的劇情。

此外，為了實現「他之後會跟妻子離婚，跟我在一起」的「唯一希望」，也營造出無法與他分手的情境。

像這樣不斷被「渴望母愛」的想法操控的智子，即使談戀愛也會選擇相似的情況，重現年幼時期所遭遇的心傷。

【類型10】虐待型母親

性格特徵與對待女兒的方式

讓孩子感到痛苦卻也陷入自責深淵

這類型的母親會對孩子施以言語暴力、冷落漠視的精神虐待、對身體施暴虐待。她們對自己會有強烈的厭惡及罪惡感，雖然對孩子施暴後會感到非常的後悔，卻無法輕易戒除潛意識染上的惡習。

這種類型的母親，多數也曾是受虐者，受到父親或母親等人精神上或是肉體上的虐待。

這種母親的特徵是虐待之後會馬上展現溫柔的一面。像是毆打孩子後，會馬上說：「真的很抱歉。媽媽答應妳不會再有第二次了。」然後緊抱女兒，或是買冰淇淋給她吃。此時母親是真心感到後悔，認真地道歉、補償，不過那種感覺卻無法持久，然後再次毆打、道歉、毆打、用冰淇淋道歉……反覆循環。

長期被母親如此對待的孩子，很多會陷入意志消沉的狀態、極度喪失自信，然後以這樣的精神狀態長大。

之後就算遇到丈夫或是男友的家庭暴力（Domestic Violence＝DV），也會堅信「除了他之外，沒有人會跟我這種差勁的人在一起」，無法從泥沼中爬起、意志消沉，只會順從對方，度過悲慘的人生。

由虐待型母親養育的女兒，情緒極度不穩定、完全缺乏自信、時常否定自己，容易成為自卑型的大人。

虐待型母親或許會讓人覺得無可救藥，不過只要本人主動想改變人生，努力進行治療，狀況就會好轉，也可能與女兒達到真正良好的關係。

虐待型母親的口頭禪

- 「真的是愚蠢至極、一無是處的孩子耶！」
- 「像妳這種女兒，我不想要了！」
- 「反正註定會失敗。」
- 「為什麼不聽媽媽的話！」（縱使有聽，還是會吹毛求疵）

虐待型母親管教下的女兒特徵

□一覺得煩躁就會發作，對孩子施暴
□會說出否定對方人格的言語暴力
□欺負較弱小的人
□面對有言語、肢體暴力的男性，只要對方幾句溫柔的話就無法分開

故事10 無法停止對女兒施暴！

富美子（42歲）育有13歲和10歲的孩子。「我會打女兒。我知道不對，但是就是控制不了自己的嘴跟手……」

兩年前因為丈夫調職的關係，富美子一家從日本搬到洛杉磯。丈夫每天都忙於工作，就連交談的時間也很少。自己努力扛起家事以及育兒的重任，但英文不好無法指導孩子的作業，所以時常感到不安。

在這種情況下，長女交了男友，也愈來愈不遵守門禁時間。想到萬一女兒懷孕就感到不安，這種時候丈夫卻完全幫不上忙，富美子內心更加浮躁。

富美子對忤逆自己的長女發飆、有時也會動手，愈來愈無法控制自己。意識到

自己明顯比以前更惡化而感到恐懼，於是找我諮商。

步上與母親相似的人生

富美子是三姊妹中的長女，由單親媽媽一手帶大。母親平日在百貨公司當店員，週末則是從事照護工作，為了養家每天都拚命工作。或許壓力造成精神緊繃，母親總是暴躁，幾乎每天會踢、打富美子。

不過不服輸的富美子還是會跟母親頂嘴，也會為了保護兩位妹妹而強忍母親的凌虐。

這樣的經驗讓富美子的內心受創，潛意識裡烙印著「母親＝獨自辛苦承擔＝打孩子的人」的印象。

富美子過著與母親類似的人生就是證據。結婚了卻無法仰賴總是晚歸的丈夫，過著偽單親的生活，獨自扛起家事與育兒的重擔。

現在的生活只會加速壓力的累積，陷入自我厭惡的泥沼。最後發生對女兒施暴的情況。

潛意識中代代沿襲的傳統

看過10種母親類型後，妳的母親或是自己本身屬於哪一種呢？

心理創傷就是將承接自上一代的負面教養，無意識地自動傳給下一代，屬於精神面的遺傳。明明知道會在孩子的內心造成各種傷害卻無法喊停，全是因為我們會自動做出從上一代學習到的事情。

美國11月的感恩節習慣烤長橢圓形的大火腿。朋友的母親一定會將火腿兩端切下後才放進烤箱，朋友問：「媽媽，為什麼要切下兩端？」母親卻回：「我也不知道，你去問奶奶。」

問了奶奶也說：「我是照我媽媽教我的去做，我也不知道為什麼。」

再繼續問曾祖母，得到的回答是：「啊~因為以前的烤箱尺寸太小，不把兩端切掉就放不進去啊！」

也就是說，即使一開始有明確的理由，但是一代傳一代之後，會變成「就是這樣」，自動做著相同的事情。

心理創傷也是如此。如果孩子在踢、打、被罵著「混蛋！」的嚴厲管教下成長，也會毫不遲疑地對自己的孩子做出相同的「管教」行為，並且認為這是「理所當然」吧！

因為只知道那種方式，只能照著做。

◆瞭解母親的心理創傷程度

不過內心的傷也有程度之分。從父母那裡受到嚴重心理創傷的孩子，也會因為內心傷口深，長大後在情緒上缺乏體諒對方的空間。

因為只想到自己，所以也無法顧慮孩子的情緒。

為了思考母親內心受傷的程度，下一頁試著將母親的10種類型依照心理創傷程度排列。

瞭解自己母親的所屬類型後，請在左頁圖確認屬於哪種程度的心理創傷。

重度心理創傷的母親會出現體力衰弱、時常感到不安以及發怒的情緒，所以無法顧慮到他人。若是輕度心理創傷，表示對女兒還是會展現擔憂跟體諒。

透過瞭解母親的心理創傷程度，就會知道為什麼母親會出現傷害自己的態度，也能進一步思考接下來該如何處理與母親之間的關係。

理解了母親也是背負心理創傷的女人，就能更客觀地看待母親。或許起初難以接受，但只要不再受到母親的負面影響，就能走出屬於妳自己的人生吧！

母親的心理創傷程度

輕度心理創傷

↑

- 守舊型母親
- 表面工夫型母親
- 完美主義型母親
- 自卑型母親
- 欲求不滿型母親
- 控制型母親
- 被害妄想型母親
- 成癮症型母親
- 虐待型母親
- 幼稚型母親

↓

重度心理創傷

在本章談到的女兒們的「後續」會在第5章介紹。
嘗試了第4章「從母親的束縛中逃離的方法」，
母女間的關係會如何改變呢？

第4章

從母親的束縛中逃離的方法

用3個月解開束縛的步驟

本章會教讀者擺脫承襲自母親的負面管教，讓自己擁有幸福人生的方法。

我們都偏好簡單，像是用「只要○○就好」的方式快速獲得幸福；不過很可惜，整個童年堆積而成的心理創傷無法如此簡單地抹去。

這裡談到的步驟1～6最少需要持續3個月，但只要付諸行動，就能治癒心理創傷，從母親的束縛中逃離。

或許有人會覺得3個月很長。不過以現在40歲為例，你已經痛苦了40年，然而只要3個月就能從母親的束縛中逃離，其實已經可以稱為奇蹟了。

不要害怕麻煩，請試著實踐接下來介紹的步驟。誠心祝福大家都能從母親的束縛中逃離，自由自在地享受自己的人生。

母親的束縛其實是很難纏的東西，如果沒有解決與母親之間的心結，就算離開家庭，也可能會製造出很多「母親」。

假設母親常常說：「妳總是失敗，應該要更謹慎！」當工作時碰到主管叮嚀「怎麼又犯錯，要小心一點啊」，主管馬上就會與母親的形象重疊，在辦公室裡出現「母親」。

此外，愈親近的人（丈夫或是情人）愈容易跟母親意象重疊。因為只要心理創傷沒有被治癒，女兒將來就會跟具有母親意象的人結婚，每當被丈夫批評，就會浮現母親的影像。

常常可以從諮商者口中聽到「一跟丈夫爭吵，不知道為什麼，就會出現跟母親吵架的錯覺」這表示她們與母親的關係尚未修復，延續至今。

由於「母親」無所不在，尚未修復的母女關係會透過女兒身邊的人，不斷在人生中出現。

「不想要這樣的輪迴人生！」的讀者，請試著用本章提到的方法治癒心理創傷，躲開母親的攻擊。

向過去不斷困擾著妳的母親束縛說再見吧！幸福的未來就在不遠處！

原諒母親

在序章也曾提過，即使自己遭受再大的痛苦，我認為也必須原諒母親。

請針對以下3種選擇思考。

①不需要原諒母親
②為了母親的幸福，所以原諒母親
③為了自己的幸福，所以原諒母親

如果選擇①「不需要原諒母親」，或許內心會暫時得到放鬆。但是請妳仔細想想，母親並不會因為不被原諒而感到痛苦。就算女兒再怎麼憎恨母親，母親都不會改變、都不會反省、做著自己想做的事情。看到母親如此，難道不會生氣地覺得：「明明我這麼痛苦，為什麼她還是能一派輕鬆呢？」

沒錯。如果不原諒母親，心裡的結一定還會再次浮現。

②「為了母親的幸福，所以原諒母親」的選擇是違反了女兒的意願。明明是母親做了過分的事情才讓自己無法放下、產生心理創傷，卻要為了這種母親的幸福選擇原諒，應該過不了心裡那關吧！

③「為了自己的幸福，所以原諒母親」的選擇可以說是最聰明的想法。即使妳因為「媽媽虐待我，怎麼嚥得下這口氣！」而怨恨母親，懷著痛苦的情緒，但母親本身還是能若無其事過自己的人生。

忍受痛苦煎熬的不是母親，而是妳自己。所以應該要為了能得到幸福，為了解放受束縛的心，為了自己才原諒母親的。

◆改變自己是為了讓自己幸福

也有女兒是希望母親改變，一心期待母親會說：「之前的事情很抱歉。原諒我。」直接找母親攤牌。當中也包含不放棄期待母親改變，想著「若是母親能改變，我就不會再有那種痛苦的情緒」的女兒。

但是要等母親改變，或許會讓女兒花上一輩子的時間。因為多數情況是，愈想要母親改變，母親反而更不聽女兒說的話、變得更頑固，讓母女間的裂痕更加嚴重。

不過也不用感到失望。

不要想改變母親，很多時候都是先改變自己的想法，某一天母親的態度就會出現變化。

我將這種情況稱為「骨牌效應」。只要一位家人改變，其他家人就必須跟著改變，進而讓大家都改變的意思。

一旦發生什麼不好的事情，多數的人會馬上歸咎他人，若將全部的過錯推給對方，只要對方不變，自己的人生就不會改變，也無法變輕鬆。

所以要自己掌握關鍵，為了讓自己幸福，就必須改變自己的想法。

因為是自己做主，不需要等對方的變化，自己也能控制自己的事情。只要這樣人生就能變得輕鬆。

就像這樣，是為了自己而原諒母親，對自己好、讓自己放鬆，自然而然對母親的態度就會跟著改變。

以我看過的案例，當女兒的態度和緩，母親的態度通常也會變得柔軟。最後想必就能構築出良好的關係！

改變自己，家人、世界、歷史也會跟著改變

像這樣療癒自己的心，不僅能改變家人，也能改變世界。

因為斬斷過往的負面教養，傳達正面教養給自己的孩子，當孩子們也有了下一代時，就能傳達那些正面教養。

或許那些孩子們會出國，活躍於另一個舞台，與在那裡相遇的外國人結婚，然後孕育下一代。那些孩子也能延續傳達正面教養。妳的改變能讓家人、世界、歷史也跟著改變。

先前提過心理創傷是精神方面的遺傳，但不是只有負面的部分，正面的部分也會遺傳。希望閱讀這本書的讀者都能成為率先提起勇氣，斬斷負面心理創傷的人。

在本書中也不時提到，以往曾對母親懷有心結的案例們，也透過改變自己的看

法、行為，獲得真正幸福的人生。如今她們的眼神閃閃發光，已經不是起初來我這裡諮商時所看到的模樣！

對人生來說，發現的時機就是最好的時機。絕對不會來不及。請妳鼓起勇氣，放手嘗試吧！

步驟1

理解自己的心理創傷

之前也曾提到大家在童年或多或少都曾受過心傷，在精神上造成創傷。這是必須先瞭解的部分。

將妳的人生拉往負面的犯人就是心理創傷。或許有人覺得「說養育自己的親人不好會讓自己覺得內疚」，不過請先理解，意識到「自己有心理創傷」是從母親束縛中逃離的起步。

心理創傷是，

・遇到某些事時，不知為何馬上會有情緒上的變化

・遇到某些事時，反而毫無感覺

等等，很多都隱藏在無法維持平常心的狀況底下。

以下是我的案主沙也加（38歲）的故事。中學時只要穿上喜歡的圓點洋裝，母親就會恥笑地說：「妳真的很不適合圓點。身材胖讓圓點也跟著膨脹，好像快撐破了。」

那時沙也加被傷得很重，但也沒有一直把這件事情放在心上。然而雖然已經38歲了，每次看到圓點圖樣的布，眼前還是會浮現母親訕笑的模樣而影響到情緒。這個很明顯就是沙也加的心理創傷。現在與母親的關係並不是特別惡劣，不過只要跟母親說些無關緊要的煩惱時，就會被瞧不起，導致無法與母親坦誠相對。

◆留意母親重複的話語

此外，母親時常重複的話語、行為，也會烙印在孩子的潛意識中。像是「家裡沒錢，就算有想要的東西也買不起」等等，如果是在時常透露出經濟拮据的家庭中成長，因為「不能花錢」的觀念已經根深蒂固，就算之後經濟獨立，有想要的東西時，看到標價後還是會買不下去；或是就算有足夠的存款，不努力存錢還是會覺得不安。

我交往二十年的好友E，購物時總會無法決定要買哪個，好不容易下定決心買了，也會想著「早知道就選另一個」時常感到後悔。

詢問E與母親的關係後，發現她們雖然看似感情融洽，不過小時候媽媽買東西回來後，無論她買什麼都會後悔地說「早知道多買一個」、「買了多餘的東西。真是的」。母親那種三心二意的態度塑造出E優柔寡斷的性格。

像這種不知道為什麼會反覆出現的負面習慣，幾乎也都是因為心理創傷而帶來的後遺症，請仔細回想自己的習慣吧！

如果是「不太知道自己習慣」的人，或許能透過詢問朋友或是家人來瞭解自己有哪些習慣。

◆仔細回想以前的事情

首先，從瞭解自己有怎樣的心理創傷開始吧！

請回答下一頁提出的10個問題。因為是很久之前的事情，或許無法馬上想到。

但一定是刻劃在內心深處的潛意識裡，如果認真回想，一定能夠像挖地瓜一樣，回想起各種事情。

想到什麼的時候，即使再怎麼微小的事情也無妨，趁還記得時寫在紙上。

這樣的作業或許需要安靜的空間以及一段時間。不妨選擇能讓心情沉澱的夜晚或是假日等，仔細發掘自己的心理創傷。

☐母親是怎樣的個性？
☐母親的口頭禪，或是時常掛在嘴邊的話是什麼？
☐母親有什麼習慣動作嗎？
☐父親和母親的關係如何？
☐父母時常吵架嗎？是怎樣的爭吵呢？
☐曾經惹母親生氣嗎？她是怎麼生氣的？
☐與母親爭吵後，都是怎麼和好的？
☐曾經因為母親的話或是行為而受傷嗎？是怎樣的事情呢？
☐針對有手足的人的提問。與手足的關係好嗎？還是有些問題呢？

□手足間曾發生讓妳覺得不公平的事情嗎？是怎樣的事情呢？

步驟 2

學習愛自己

第3章舉出的10種類型的母親們，都是在不知道如何愛自己的情況下長大。因為自己也是由背負著心理創傷的母親帶大，沒有人教她們什麼是愛自己，在毫無此概念的狀況下成長。

我們無法教導別人自己沒有學過的事情，想當然這樣的母親也無法教女兒如何愛自己。

什麼是愛自己呢？

愛自己就是對自己好。當我們要對某人好的時候，就會想做些讓那個人快樂的事情，自己也會不自覺地展開笑靨。

相同的，對自己好就是讓自己由衷感到喜悅、就像置身在被療癒的環境中。不要讓自己感到痛苦、不苛責，對自己說些溫柔的話。

像這樣療癒自己，內在就會有緩衝空間，就有顧慮對方情緒的彈性。所以在愛自己的同時，也能溫柔地對待身邊的人。

我在每本著作中都提到「愛自己」的重要性。如果能愛自己，就能尊重自己，湧現自信，使日常生活變得明亮。原本不知道怎麼愛自己的人，當能夠做到時，所有的情況都會出現驚人的轉變。

「愛自己」可以說是萬靈藥！

從下一頁開始就會介紹愛自己的課程。必須要持續進行才有意義。為了消除用幾年、幾十年的時間深深烙印下的心理創傷，必須排除萬難持續堅持。請養成並持續保持喜歡自己、愛自己的習慣。

第1課 製作「正反練習」

「笨蛋！」、「我最差勁！」、「辦不到！」、「為什麼總是這樣……」等等，我們平常都會無意識地說出很多負面的話。

首先從意識到自己平常都說些什麼話開始。發現自己無意識使用的字詞，就馬上記錄在記事本或筆記本上吧！

寫下後，再寫出那個字詞的反義詞。如果寫了「笨蛋」，就在字的上方用粗的紅筆畫上×，然後在旁邊寫上笨蛋的正向反義詞——「機靈」。

這是把負面字詞替換成正面字詞的腦部練習，稱為「正反練習」。

第2課 絕不說負面用語

若在第1課發現負面用語，就請努力不要再說那些話吧！如果快要說出來時，就用手摀住嘴巴阻止！

如果四周無人，不妨實際說出「停！」用誇張的方式處理負面語言能為大腦帶來正向刺激。

請像這樣努力地徹底排除負面語言。

第3課 對自己說些溫柔的話語

「愛自己」就是即使失敗了也不苛責自己，要諒解自己。所以在空暇時，對自己說「我已經很努力了」、「這樣就很棒了」吧！如果旁邊有其他人在，只在心裡想也可以。

走路時、洗碗盤時、洗澡時都可以，請養成將正面用語掛在嘴邊的習慣吧！

第4課 對自己念出愛的宣言

①「我喜歡自己。」
②「我尊敬自己。」
③「我肯定自己的價值。」

請念出這三句話吧！

盡可能打開所有潛意識的門，建議在早上起床以及夜晚就寢前宣示。當然也可以利用上班途中或是曬衣服時等等瑣碎的時間宣示。

隨著宣示，自己的價值也會自然而然地跟著提升，變得更愛自己。

如果宣示時湧現「我其實不愛自己……」、「我根本不值得尊敬」、「我不知道自己的價值在哪裡……」等等的負面情緒，請改成「或許我能愛自己……」、「或許我能尊敬自己」、「或許我能肯定自己的價值……」，每句都加上「或許」。

這樣的做法能消除對自己內心說謊的罪惡感、不自在，變得更容易說出口。

等到習慣加上「或許」的說法之後，再試著拿掉「或許」宣示吧。應該就能自然地接受。

進階1 用「空椅法」發洩累積的怒氣

如果是受到母親嚴重的肉體、精神虐待，以及讓內心受重傷的言語暴力的人，一定會累積許多憎恨。這種情況下可能會對「愛自己」產生排斥，覺得不自在吧！

那麼就用接下來要介紹的「空椅法（Empty Chair Technique）」，清空所有的怒氣吧！

這個方法對已經失去母親的人也有效。像是曾經有案主表示「很想跟媽媽說她把我傷得有多重，但她已經死了，已經聽不到了」，所以也建議怒火無處宣洩感到落寞的人使用。

1 空椅就是「空的椅子」。讓自己坐在椅子上，對面擺上另一張椅子。

2 想像母親坐在空的椅子上，總之就盡情地說，試著把累積的怒氣全都掏空吧！無論是多粗魯的話、大哭、大喊、發狂都無妨。不過請在沒有人聽得到的空間裡進行。

3 當情緒變得爽快後就結束。如果覺得把母親罵得太過分反而出現罪惡感時，就請想成「這只是為了最後能原諒母親、能好好面對母親的必要練習」吧！只要這麼想，罪惡感就會馬上煙消雲散。

進階2 用「鏡觀課」接受原本的自己

總是不斷苛責、批評自己的人，通常都無法肯定自己的優點。

如果是這種類型的人，請試試看接下來介紹的「鏡觀課」。早上化妝前、晚上護膚等等的時間，選擇會站在鏡子前的時候進行吧！如果能持續下去，就能自然而然接受原本的自己。

1 請站在鏡子前，面對鏡子中的自己，如實地說出自己的缺點。「我是笨蛋」、「為什麼口氣老是這樣」、「無法坦率，真是差勁！」等等。

2 接著，再看著鏡子中的自己，說出自己的優點。這時候或許很難說出來，就算勉強也要盡可能找到很多優點。像是「我很迷人！」、「總是努力不懈，真了不起」、「用宏亮的聲音打招呼很棒」等等。

3 重複交替1和2的步驟3次左右。當腦袋中缺點與優點混在一起時，宣示「我能坦率地接受自己的優點與缺點。我能完全地接受自己」後結束。

步驟3

為了自己原諒母親

當妳變得愛自己、對自己產生自信時，應該會更想善待自己吧！時候到了，為了讓自己幸福，請原諒母親吧！透過原諒就能解開心結，讓自己過得更輕鬆。

接下來要介紹「同理心練習（原諒母親的練習，Empathy Exercise）」，就是讓自己化身成母親，進而原諒母親的方法。同理心就是站在對方立場，理解對方情緒。意思接近共鳴、情感轉移、同理。

這是相當強而有力的練習，請親身體驗實行後的效果。

同理心練習

1 請回想因為母親的言語行為而受傷的經驗中，讓妳印象最深刻的事情。

2 請回想那時母親對妳做的事情、說的話。

3 請化身成母親，說出母親對妳說的話。「怎麼這麼笨呢！」、「這種衣服，難看死了，不要穿了！」、「我怎麼會有妳這種女兒」等等。無須顧慮太多，請大膽地說出來。

4 化身成母親時，試著自問自答像是「為什麼那時候我會那樣凶暴地打女兒？」、「為什麼那時候我會對女兒說出那麼惡毒的話？」、「那時候沒有買給女兒她喜歡的洋裝。我為什麼無法寵愛女兒呢？」等等的問題。

5　在腦中記下自問自答得到的答案。

6　閉著眼睛，從母親的角色回到自己身上，覺察對母親產生怎樣的情緒。

練習到這裡結束。即使是對要化身成自己厭惡的母親有所抵抗的人，也請忍耐試著做做看。如果能熟練這項活動，對母親的負面情感就會像融冰般，慢慢消去，或是暫時消去。

盡可能不要只進行一次，回想出幾個痛苦的情節，將那些情況一一套入這個練習，就會愈來愈瞭解母親的想法，而且效果驚人。

到了第6個步驟就能深刻感受到母親痛苦的情緒，或許就能稍微理解母親的言行舉止。

◆瞭解母親冷落自己的理由

另一位案主美里（33歲）與父親相處融洽，卻覺得母親只會否定自己。

小學五年級時看到一件很想要的洋裝，拿著青少年雜誌給母親看「我想要這件洋裝」，卻馬上被打回票「少給我一副小大人的樣子！」

高中時說：「我想當藥劑師。」母親卻回：「學費那麼貴，不行。」讓美里的夢想瞬間破碎。

她的母親總是如此，所以母女關係也從未好轉，高中畢業後美里就馬上進入職場離開家。

現在與丈夫以及三歲的兒子同住，至今仍舊不知道為什麼母親要對自己如此苛刻，內心總是無法釋懷。

我讓美里進行「同理心練習」，然後美里淚流滿面地說：

「爸爸對媽媽很冷淡卻十分寵愛我，所以讓媽媽非常嫉妒。但是卻又不想承認嫉妒女兒，每次責怪自己時就會變得暴躁，然後發洩在我身上。所以對我所有的事情都百般挑剔。媽媽自己也不好受……」

像這樣化身成母親，說出母親的心情。

美里模擬的母親心情是否正確並不重要，只要感受到母親的心情就好了。藉由這個練習緩和自己的情感才是重點。

以往看到母親就會覺得厭惡到極點的美里，那份情緒也逐漸變淡，現在已經能與母親正常地談話。

請妳也用這個練習來解開自己的心結吧！

步驟4

與母親劃清界線

劃清界線就能擁有自己的空間。如果能劃出物理上以及精神上的界線，就能減少母親對自己的影響。

首先推薦的是確保物理空間。會若無其事傷害女兒的母親，本身的內心就缺乏緩衝空間，不擅長從女兒的角度思考。

所以會擅自進入女兒的房間、不理會女兒是否有空硬是打電話抱怨、不管在什麼地方都會肆無忌憚地批評女兒、忘記女兒也是一個獨立的個體等等，恣意妄為。

像這樣擅自闖入女兒的空間，女兒就會不時受到母親的影響。因此重點就在於明確劃出與母親之間的物理距離。

◆不要害怕，確實劃出「界線」

洋子（23歲）與父母、妹妹同住一個屋簷下。

由於母親一直對洋子重提好幾年前的事情，像是「那時候如果沒把工作辭掉，我的人生就會更快樂……」、「如果沒說那些話，就不會被朋友討厭了……」等等，所以只要跟母親在一起就覺得很沉重，讓洋子也變得憂鬱。

洋子諮商時表示，雖然想離開那樣的母親，但看到她邊抱怨邊流淚，一副宛如世界末日的表情，就會有罪惡感，只好順著母親的意。

這種母親屬於被害妄想型母親（66頁）。藉由哭泣、悲慘的表情展現自己的軟弱，讓女兒有罪惡感進而掌控。

面對這種類型的母親，如果默默地聽她說，反而會讓狀況惡化。我給洋子的功課就是和母親劃清界線。

具體的做法是，當母親一如往常找她抱怨時，就要明確表示：

「媽，我有點事，晚點再說。」

「我還有事要做，所以只能聽妳說5分鐘。」

因為母親也會擅自進入洋子的房間，所以也多加了一句：

「媽，我已經是大人了，想要自己的空間，之後進來房間前可以先敲門嗎？」

就像這樣，洋子開始和母親劃清界線。母親起初無法接受，非常生氣，抱怨不絕於耳，不過當知道不管抱怨什麼洋子都不聽之後，就開始慢慢冷靜，現在似乎轉而向父親撒嬌。

洋子也單刀直入地詢問父親：「為什麼放任媽媽？」父親卻回：「撒嬌就是妳媽媽的優點啊。」這樣的回答讓洋子深深感悟到夫妻關係也有很多種模式。

像這種被害妄想型母親只是其中一個例子，隨著女兒劃清界線，無法再如以往控制女兒時，任何類型的母親同樣都會慢慢放棄、變得收斂。

即使已經獨立、離開原生家庭，但是母親總是不說一聲就貿然跑來家裡的情況也是，請告訴她：

「媽媽，我在家也有事情要做，來之前能先打通電話嗎？」

然後三次中有一次說：「今天很忙，不方便讓妳來。不好意思。」增加拒絕的頻率即可。

如果母親時常來電打擾，則可以回：

「媽，我現在必須出門一趟，等等再說。」

然後掛掉電話。

剛開始這樣的對應會讓母親固有的模式崩壞，或許也會出現衝突等等的摩擦吧！如果害怕摩擦就無法改變，請相信一定會朝正向發展，持續保持界線。

或許也有害怕與母親起衝突的人，不過如果能學習步驟2「愛自己」，就能明確對母親表達自己的情緒。

開始愛自己、珍視自己後，就會懂得憐憫自己，讓自己有勇氣脫離受到壓迫的環境，對討厭的事物也能說「不」。像這樣劃出物理上的界線，其實也能劃出精神上的界線。

雖然也可以為了與母親分開而離家，但是在完全沒解決問題的狀態下，其實只是背負著母親離家。殘留著心結，無論走到哪裡，與母親的問題始終都在。

因此不建議因為厭惡母親而離家的方法。盡可能在同個空間改善彼此的關係才是有效的做法。

倘若同住在一個屋簷下會受到母親的暴力對待等等，無法保有自己的空間時，還是可以選擇離家。

◆也要對忽視孩子的母親劃出內心的界線

如果因為母親的心理創傷嚴重，內心缺少緩衝空間，導致自己一直受到漠視（忽略）、不受到關心的人，也請與母親劃出內心的界線。

在缺乏親情的環境下成長的孩子，因為渴望母親關愛，容易故意找母親麻煩、製造問題。在第3章也曾提到，對心理創傷尚未治癒的母親說什麼都沒有效果，反而會讓關係更惡化。

想撒嬌卻無法撒嬌的確讓人感到不捨，但是瞭解母親心理創傷的嚴重程度後，請在自己的內心劃出「我要過和母親不同的人生」的界線。

這麼一來，就不會再做出為了引起母親注意的無謂努力，專注在自己的人生。

◆學習明確表達

懂得愛自己後，就如同先前提到的，就能清楚表達自己的想法。如果還是覺得「害怕」的人，以下介紹能對母親清楚表明的方法。

第1課 試著對母親以外的人說「不」

母女相處有問題的人，通常有無法說「不」的傾向。請先練習對朋友或是職場的人說「不」吧！

是否有同事找你喝一杯或是朋友邀你參加活動時，不想去卻無法拒絕，硬著頭皮參加的經驗呢？

不想去的時候，請試著用**「今天不去了」**拒絕。一開始的「不」是很難的挑戰，不過只要說一次，之後就會慢慢習慣了。不需要特別說出不去的理由（如果對方詢問，只要說「有其他要做的事情」就好了）。

討厭的時候開口說「不」的勇氣，是表明自己、尊重自己的做法。像這樣讓尊重自己的基礎穩固後，面對母親也會有拒絕的勇氣。

第2課
允許自己「明確對母親表達想法」

或許有人會覺得「明確表達想法會傷害到母親」而有罪惡感吧？遇到這種情況時，請對自己說**「我可以對母親表達自己的想法」**，允許自己這麼做。

人是很不可思議的動物，即使之前背負著「不得不這樣做」的念頭，一旦有了許可，就能擺脫那樣的想法。

以往都順從自己的女兒，突然不聽話時，母女間當然會產生衝突。不過，改變固有模式一定會出現摩擦，請瞭解母親會暫時感到驚訝難適應。

當可以明確對母親表達時，母女間的關係就會一點一滴地慢慢取得平衡。讓母女之間能建構出新的、健全的相處模式。為了達到這樣的結果，請務必允許自己明確地表達。

步驟5

讓母親熟悉新模式

在第3章提到母親也有程度上的不同，並且分成10種類型加以說明。各種類型的母親在對待女兒的方式上都能看到固定的模式。

以釣魚為例，想像母親拿著魚竿，用固有模式對女兒投下魚鉤。因為母親期待女兒聽自己的話才投下魚鉤，當女兒上鉤時，就會陷入母親固有的模式。

反過來說，如果女兒不上鉤，母親就會覺得無聊，停止釣魚。一個巴掌拍不響，只要不要陷入母親的模式就好了。

接下來會說明各種類型的母親會有怎樣的模式。如果能掌握，就會知道「來了，這個就是媽媽的模式」而能冷靜處理。

因為這個步驟目的是認真地告訴母親，那些過往的模式已經不再管用，當模式崩壞時，或許母親會出現攻擊的反應。不過請相信只要不斷地練習一定會好轉。

下一頁開始會舉出各種例子，介紹針對不同類型母親的對應方法，以及適用於各種類型的有效對應技巧。

請讓母親熟悉新的模式，建構出健全的母女關係吧！再過不久就能從母親的束縛中解脫了。

1 控制型母親的應對方式

善用「反轉心理學」回擊

這種類型的母親，最有效的應對方式就是果決的堅強意志。

像是跟母親說想當明星，母親回「我可不允許，妳要找份穩定的工作」時，就要明確對母親傳達：

「這是我的人生，我要自己選擇工作。」

假設妳的決定最後失敗了，但畢竟是自己選擇的路，就算後悔也會覺得是自找的而放下吧！

如果是按照母親的意思卻失敗了，就會想著「為什麼那時候會聽媽媽的話」而後悔一輩子，甚至會恨母親一輩子。

明確告訴母親時，若母親感情用事地回：「不聽我的就離開這個家！」可以稍微停頓一些時間後說：

「媽媽，妳是說真的嗎？好，我會考慮的。」

然後離開現場吧！

這個稱為反轉心理學（刻意同調，反而讓對方混亂，讓對方放棄），對傾向用威脅做武器的控制型母親最有效。

控制型母親希望女兒24小時都能照自己的意思去做。之所以能讓母親全然控制，其實也是因為妳自己「讓她控制」。要知道自己也要負部分責任。

如果想從母親的束縛中解放，有時候要用反轉心理學躲開母親的攻擊，有時候則要明確表達想法，改變狀況。

除此之外，也要把握控制型母親的弱點。經常用威脅方式的控制型母親其實非常怯懦。當對方清楚劃清界線時就會浮現「不想失去女兒！」的想法，比想像中還來得容易對付。

即使威脅女兒「給我滾出去！」其實內心並不是真的希望如此。這就是控制型母親的真實心境。

2 被害妄想型母親的應對方式

灌輸「不需要依賴女兒，自己也辦得到」的想法

這種類型的母親有引發女兒的同情心，拉攏女兒的傾向，所以劃清界線顯得更重要了。

像是當母親打電話說：

「今天媽媽好像身體不舒服。可以過來幫我煮飯嗎？」

三次當中有一次可以回答：

「好，我會過去，不過我還有其他事情，所以只能待2小時。」

只照顧2小時就回家吧！其他兩次則回絕：

「我也想過去，不過現在走不開，今天真的沒辦法。」

如此拒絕的話，被害妄想型的母親應該會馬上哭出來，加深女兒的罪惡感，或是說：「妳是我女兒耶，居然這麼冷淡，好過分！」不過，千萬不能心軟。

不妨說：

「媽，我知道妳不好受，不過我相信妳一定沒問題的。」

反過來鼓勵她。告訴母親「不需要依賴別人，自己也辦得到」吧！

其實這種類型的母親，就算被女兒拒絕也一定會找其他人，自己想辦法。

不過還是會不斷說一些「如果我出了什麼事，都是妳的錯」等等，讓女兒產生罪惡感的話。這是出自之後較容易操控女兒的心理，是母親無意識的舉動。女兒一被這麼說，多少會放不下，不過請放心，因為母親之後也會忘得一乾二淨。

不管母親想塑造出多麼可憐的形象，只要能對母親放掉「好可憐」的情緒，就能讓現在的狀況好轉。

這種類型的母親會自導自演「悲劇」，所以不要過於入戲。當母親悲嘆地說：「為什麼只有我這麼不幸?!」博取同情時，不需要反駁只要回應：

「對啊，真是難過。」

就畫下句點。讓母親知道悲劇對女兒沒用。

不過，當母親真的煩惱、焦急時，還是要傾聽，適時給予協助。要留意不要判斷錯誤。

3 完美主義型母親的應對方式

用模稜兩可的說法讓母親感到困惑

完美主義型母親無論什麼事情都是非黑即白，所以重點就是用不是黑、也不是白，模稜兩可的話語回應。

如果母親對工作上的事情說「一定要成功啊」、「這次會升遷吧」時，就回：

「總會有辦法的。」

「有辦法」就是非黑非白的模糊說法。因為模糊，所以某程度算是同意母親的話，母親就不會再進一步逼迫。

其他模稜兩可的說法還有：

「好啦媽，這樣也不錯啊。」

「這種東西其實也不錯。」等等。

如果是用「那種事情不是媽媽決定就好！」正面對決，母親就會進一步逼迫，引發更大的爭執。請記得，正面衝突堅持反對，只會帶來反效果。

雖然會有怒火中燒，想反抗母親的情緒，若能用模稜兩可的話語回擊，反而會讓母親不知如何回應，感到困惑。這是讓母親無法用原有模式思考的技巧。

請務必試試看，效果顯著！

4 守舊型母親的應對方式

用假裝感謝迎擊

守舊型母親背負的心理創傷比較輕，所以稍微能顧慮女兒的心情。就算不是真心，也請試著對母親展現感謝之意吧！

像是當母親告誡「女人就是該跟有經濟能力的男人結婚，而不是跟亂七八糟的人」，即使不是真心，也要回：

「謝謝媽。妳真的很為我著想。」

如果這麼回應，這種類型的母親就會覺得「總算瞭解我說的話了」，就不會再說出其他批評的字眼。畢竟只是一心想保護女兒的母親，這句「謝謝」就是緩和母親頑固情緒的鑰匙。

不過也有不會善罷甘休的守舊型母親。可能會再進逼一步：「既然知道我是為妳著想，就繼續跟之前相親的人聯絡啊。對方可是在大公司工作的，跟他結婚一定會幸福。」這種情況先不要馬上拒絕母親屬意的對象，而是要像以下的做法，展現稍微強硬的態度。

「我會跟他見面看看，不過之後我會自己決定，媽媽不能有意見。」

接受的同時卻明確劃出界線。這麼一來，母親應該也能暫時同意吧！

有些時候，一開始就必須跟母親清楚表明想法。像是母親說「妳的裙子也太短了吧！去換件至少蓋住膝蓋的」而必須當場回應時，請冷靜回：

「不要。我喜歡這種長度，我覺得很好。」

絕對不能流於感情地回：「要穿什麼是我的自由吧！」

如果能理性回應，母親就不會更激動，所以自己的回應方式很重要。

以「太極拳技巧」的方式消失

這種類型的母親常常會瞧不起對方，認真對待只會累了自己。

如果母親說了什麼時，不要正面迎擊，而是要側身閃過，試著讓自己離開現場吧！讓身體輕巧地閃過攻擊稱為「太極拳技巧」。

舉個例子，如果母親說：「跟A比起來，妳真的很差勁耶。」請回應：

「很遺憾妳是這麼想的。」

然後離開現場。

像這樣離開現場，就是給母親思考的時間（或許母親壓根沒想過女兒會給自己思考的時間）。自卑型母親是容易被罪惡感左右的人，當妳離開後，可能會讓她意識到「也許說了很過分的話」而開始反省自己。

如果母親說了一些負面的話，就請先離開現場。藉由反覆進行告訴母親「如果批評，女兒就會離開」。

隨著母親瞭解新的相處模式，女兒就不會再是抱怨或批評的對象，進而讓彼此能「正常對話」。因為正常對話，女兒才會回應（不會在母親面前消失）。

進行「太極拳技巧」的同時，如果也能緩和母親的自卑感，就能讓母親變得更容易相處。像是：

「媽媽，那件衣服很適合妳耶！」

「還真不錯耶！」

諸如此類，不經意地誇獎，或許母親會裝傻地回「哪有啊？」不過內心應該覺得很高興吧！

不能忘記的是，母親之所以嚴格對待自己，全是因為本身的自卑感作祟。用正向的話語就能減輕母親的自卑感，漸漸地也不會再揶揄妳了。

6 表面工夫型母親的應對方式

用「變色龍技巧」、「跳針技巧」反擊

對表面工夫型母親最有效的方式有兩種。

「變色龍技巧」就像身體顏色會隨周圍改變的變色龍，表面與母親同調，但內心完全沒變。最適合沒有與母親同住的人使用。

舉例來說，看到女兒的項鍊後，如果母親說：「戴那種便宜貨會被別人瞧不起，趕快拿下來。」就回：

「是啊，看起來好像很廉價。我下次找找有沒有更好的。」

像這樣與母親同調，表面工夫型母親就不會再逼迫。雖然口頭說好，但卻不需要做到。如果母親抱怨「怎麼說一套做一套」，只要說：

「下次會改。」

之類的話來打圓場。

或許有很多人不喜歡與母親同調，不過若能避免與母親起衝突，進而影響自己

的心情，倒不如想成是「為了自己」，稍微演一下，如此一來就能使往後的日子相安無事。

如果與母親同住，來自母親的壓力會更大，無法只靠變色龍技巧應付。這時候就要用「跳針技巧」，就像壞掉的唱盤，反覆說著相同的話，並且適時搭配運用變色龍技巧。這可以說是與表面工夫型母親同住的求生術吧！

對表面工夫型母親最有效的跳針說法就是：

「謝謝妳的關心。」

為了保護女兒不讓外人批評，所以才如此嚴格。當女兒瞭解自己的用心，就不會再絮絮叨叨了。

如果母親說：「妳的吃相真難看。」就回：「謝謝妳提醒我。」如果說：「別跟三流大學畢業的人交往！」就回：「謝謝妳的關心。」總之，都用一樣的話語冷靜地回應母親。

表面工夫型母親原本就十分疼愛女兒，之後應該就會慢慢放棄，變得緩和。

7 欲求不滿型母親的應對方式

不認真聽、轉移話題

當母親抱怨時，「嗯、嗯」聽了幾分鐘後，請從母親的視線離開吧。如果認真聽欲求不滿的母親滔滔不絕，就會沒完沒了。

這種類型的母親就是「不管說什麼都能回嘴」，絕對說不贏。最好的方式就是離開現場。如果母親窮追不捨地問：「要去哪裡？」請拿出勇氣，明確地說：

「媽，我現在有重要的事情要做。」

如果只是默默聽母親埋怨，母親就會覺得「果然還是得靠女兒解悶」。

另一個針對欲求不滿型母親的有效對應方式，就是不知不覺轉移母親的話題，帶到自己主導的內容，然後快速結束話題。突然改變話題就會露餡，不妨從母親提到的內容引出其他話題。

假設母親在說親戚壞話時，提到「那個人很健忘，又不用腦子」，妳就可以從這句話擷取「健忘」，然後說：

「說到健忘，我忘記回朋友電話了。媽，不好意思，我必須去打通電話。」

接著離開現場。

雖然得花點腦筋，不過用這個方式，母親應該也會覺得沒辦法而只好放棄。

此外，欲求不滿型的母親也不擅長拒絕。因此聽母親傾訴時，不要只是默默地聽，盡可能明確地用「是」和「不」表明想法，讓自己成為母親的範本。

這麼一來，原本會找女兒吐苦水的母親，對女兒的新反應雖然不喜歡卻也會慢慢習慣，最後就會感到氣餒，不再對女兒吐苦水或是碎念。

通常當女兒情緒平穩，母親的態度也會變得和緩，讓母女關係跟著好轉。

雖然得花些時間，但效果顯著。

8 幼稚型母親的應對方式

不斷誇獎她的驕傲之處，態度比說的話重要

對付這種類型的母親，首先要改變對母親的看法，理解「這個人就跟5〜10歲的孩子一樣」。

5歲左右的孩子以自我為中心的同時，也強烈希望對方能關心自己。所以會為了讓旁人注意到自己，滔滔不絕說些自誇的話，努力讓自己受矚目。

看到這樣的舉動，不要表現出「又開始了！真煩啊～」反而要誇獎：

「媽媽真的很厲害耶！」

「真不愧是媽媽。」

幼稚型母親強烈想被誇獎、被崇拜所以才會說自誇的話，如果被認可、誇獎了，反而不知如何是好，感到困惑。如果是對母親的自誇感到厭煩的女兒，用這樣的方式就能讓母親關上話匣子。

幼稚型母親還有一項必須知道的特徵。幼稚型母親就是個孩子，所以她只會想到自己。孩子還沒成熟到能站在對方的立場思考，所以才會若無其事地對女兒潑冷水，只考量自己的情況胡亂改變計畫。

要知道如果孩子發生問題，比起口頭說服，展現該有的態度更具效果。跟孩子無法講道理，所以不要想以對談解決，而是要用態度。

如果母親說「妳胖嘟嘟的，不適合穿那種衣服」時，不要反駁「妳說話怎麼可以這麼惡毒?!」而是說：

「媽，不能說這種話喔。」

就像教孩子一樣的回答方式。

因為是孩子，只說一次是不夠的，或許得反覆說好幾回。屆時或許母親會採取令人更不悅的態度（行為），當女兒的就不要理會、忽略她。

當母親被忽略，就會覺得「為什麼不聽我的話呢?!」或許會因此更加火大，不過畢竟精神年齡還是孩子，沒多久就會若無其事地轉移注意力。

其實這種類型的母親最容易對付。因為孩子只要知道鬧彆扭行不通就會馬上放棄，開始專注在其他事情上。幼稚型母親某種程度也算是「乾脆型的母親」，只要劃出不行就是不行的明確界線，她就會是很好對付的母親。

若能理解上述內容，幼稚型母親或許就能成為女兒心目中「單純且可愛的媽媽」吧！

妳也不會再像以前一樣，因為壓力造成失眠、胃痛。讓內心得以穩定且輕鬆。

嚴格劃出界線，借用專家之手

10種類型中，最需要劃出明確界線的就是成癮症型母親。

在美國、日本都有酒精成癮的戒治中心，不過成癮症患者在這種機構時，幾乎都被限制了自由。很多機構都要求嚴謹的生活習慣促進改善。

這是因為成癮症患者無法克制讓自己成癮的事物。機構人員不僅會奪走造成成癮的事物，也會徹底努力把壞習慣調整成好習慣，而關鍵就是劃出明確的界線。

成癮症的母親不僅無法控制自己的行為，也有低估狀況的傾向。因此，即使已經喝完一瓶酒也會覺得「喝這點酒不會醉」；即使花了十萬圓，也會覺得「也沒有那麼浪費」；讓幼小的孩子整天獨自在家，也會覺得「只是稍微離開家而已，別說三道四！」完全不懂得反省。

美國把成癮症稱為否定事實病（denial）。因為本人會完全否認自己有問題。

當母親認為自己毫無問題，女兒就只好明確劃出界線。如果要喝酒，只能喝兩瓶；要花錢，也不要再動用家裡的錢東湊西湊，限制每個月的零用錢，花完就不再給。如果是離家放任幼兒不管，不要只開家庭會議想辦法，而是要尋求專家的協助。

如果是只專注工作，其他事情都不管的母親，要留意會讓工作成癮症更趨惡化的話語，像是「媽媽總是工作、努力不懈」等等。即使會讓母親聽起來不舒服，也要改成：

「如果再繼續這樣工作，媽媽會生病啊！我希望妳不要這樣。」

用這種說法來削弱母親的動力。

購物成癮症、工作成癮症、潔癖成癮症等等的情況，都要留意不要助長母親成癮的症狀，如果是酒精成癮症或是男性成癮症，則需要求助於專家。

成癮症就像煞車失靈的車子持續行走在下坡路，即使本人再怎麼疲憊、再怎麼受傷都無法停止，所以強烈建議尋求專家的協助。

10　虐待型母親的應對方式

大聲且冷靜地說「夠了！」加以反擊

當劍拔弩張感覺就快要被暴力對待時，必須用和母親同等的聲量說：

「媽媽，夠了！」

這種情況下不能流於感情，而是要冷靜且果斷地說出口。萬一對方出手，就必須抓住手制止。

其實這種類型的母親很怯弱，當女兒變得強勢，她們通常會嚇一跳，停止肢體暴力或是言語暴力。正因為怯弱，才會想在自己被攻擊前先攻擊對方吧！

忍受母親言語暴力、肢體暴力其實等同對母親傳達「只要母親覺得痛苦，都可以對我生氣、打我」的訊息。

忍氣吞聲會助長虐待的程度，為了讓自己不再成為母親的沙包，就必須對母親說出該說的、拿出勇氣正面迎戰。要是認為只要自己忍氣吞聲，母親的肢體暴力、言語暴力或許某天就會收斂，那可就錯了。

虐待型母親會帶給女兒精神上、肉體上的痛苦，施暴後也會因為罪惡感而變得很溫柔、道歉、買禮物。

不過，那種態度不會持久。要記住，這就是虐待者典型的模式。不要因為一時的行為而心軟，要持續堅持。不斷地說：

「我不希望妳道歉，也不需要禮物。請不要再對我施暴，去尋求諮商吧！」

這樣才能終止母親的虐待。

如果是極為暴力、無法制止時，請先逃離求助警察或是鄰居，請將狀況視為「事態嚴重」。外人的介入通常能讓母親的暴力暫歇。如果還是無法制止，請認真考慮與母親分開生活。

也有一些被女兒說服，或是厭惡自己施暴而來諮商的母親。如果是這種情況，請全力支持母親。在本書105頁也提到，這種類型的母親若是能夠改善，就會成為非常溫柔的母親。

上述的對話技巧，是用在母親不是藥物或是酒精成癮症的情況。如果有這些成癮症，會反覆虐待女兒的母親，就必須有專家的協助。不要認為只靠自己就能解決，請尋求第三者的力量。

各種類型皆適用的技巧

充分與自己對話，讓自己更堅強

讀到這裡各位或許已經發現，無論對付哪種類型的母親，重要的都是珍視自己、重視自己的心情。

日本詩人，宮澤賢治有首著名的詩《不輸給雨》，其中有這麼一小節：「不輸給雨，不輸給風，不輸給雪以及夏日的盛暑……」。希望讀者們能用這樣的態度，好好對待自己。

各種類型的母親都適用的最佳對應方式，就是與自己對話。「我會善待自己」、「我喜歡自己」、「我尊敬自己」、「我肯定自己的價值」、「我重視自己」。請像這樣充分對自己說些療癒內心的話，讓自己更堅毅。

重視自己，就會變得愛自己，當自己受到欺壓，自然而然就會表明立場。此外，也能知道再繼續跟母親相處，就無法保有自我，因此不會屈服於母親的威脅或對引發同情的字眼感到困惑，與母親之間劃出明確的界線。

◆抬頭挺胸面對母親

不只內在，也要知道與母親相處的有效外在技巧！那就是抬頭挺胸面對母親。

當我們站在比自己更強的人面前，就會變得畏畏縮縮。像是站在公司董事長面前，大家都會變得怯弱、低下頭來。

換言之，我們的意識裡存著「態度理所當然的人＝強者、厲害的人」的念頭。所以與母親相處時，請抬頭挺胸，正大光明地與母親面對面吧！

這麼一來母親就會有「好像很難對女兒說些什麼」的感覺，更有可能會放棄固有的模式。

步驟6
用「開關思考」改善思考迴路

如果理解對付各種母親類型的技巧，就要透過將思考迴路從負面轉成正面的練習，完成最後一哩路。

我們潛意識裡刻劃著過去經歷過的各種記憶，而且大部分是負面的。

剛出生的嬰兒，很純真且充滿自由的能量。但隨著成長，既定觀念、大人們的頑固思想等等的負面教養開始入侵。如果是在充滿正面能量的家庭中成長，或許沒有這樣的問題；不過多數家庭，當孩子開始懂事時，負面思想就會自然地堆積。

如果是由會帶給孩子深刻心理創傷的母親照顧，就一定會有負面想法。所以才要訓練無論面對任何事情都要正面思考。

◆一旦開始正面思考，就不會再走回頭路

我常常強調，我們的思考迴路有正面以及負面思考。一旦移轉到正面思考時，就算想回到負面思考也回不去了。

站在負面思考與正面思考的界線，一不注意也可能回到負面思考，所以要努力讓自己偏向正面思考，完全沉浸在正面思考中。

我們就像「思考↓感情↓行動」般，基於思考然後湧現感情，再基於感情付諸行動的生物。

因此只要透過打開正面開關的「開關思考」，讓正向情感湧現，就能擁有安穩的生活。

舉例來說，當母親說了讓自己生氣的話時，

「又再說那些話了啊！」

「那是媽媽自己的問題。」

用開關思考看待問題，就不會對母親的話過度反應，讓自己心情變得輕鬆。

接下來會舉出自動思考，以及對各類型母親運用開關思考的代表性例子。或許剛開始會不習慣，但藉由反覆練習，就能立刻套用開關思考，請嘗試實踐看看吧！

1

如果是控制型母親

「今天為什麼這麼晚呢？」

↓自動思考「那是我的自由吧！」

↓開關思考「因為不知道狀況，所以才覺得不安吧！」

2

如果是被害妄想型母親

「我變得怎樣都不重要了嗎？真想死啊！」

↓自動思考「媽媽，沒有那回事啊！別把死掛在嘴邊啊！」

↓開關思考「啊～又想要我做些什麼了吧？我才不會上當呢。」

3

如果是完美主義型母親

「再努力一點吧！」

↓自動思考「我已經夠努力了。要多努力才會肯定我呢？」

↓開關思考「這麼追求完美，應該很累吧？」

4

如果是守舊型母親

「要有女孩子該有的樣子！」

↓自動思考「囉嗦！」

↓開關思考「媽媽是想保護我。」

5

如果是自卑型母親

「妳真的是很差勁的孩子耶！」

↓自動思考「原來我真的很差勁。」

↓開關思考「不說女兒壞話就渾身不舒服。真令人同情。」

6

如果是表面工夫型母親

「這種成績會被親戚們恥笑啊！」

↓自動思考「幹嘛一直在意別人的想法！」

↓開關思考「嗯，為了不讓我受到外人批評，媽媽很努力想保護我。」

7
如果是欲求不滿型母親

「如果沒跟妳爸結婚就好了。早知道就找個會幫忙做家事的人。」

↓自動思考「又再抱怨這些。我已經聽膩了。」

↓開關思考「如此否定自己的人生，應該很難過吧？」

8
如果是幼稚型母親

「只是說妳『胖子』，需要那麼在意嗎？」

↓自動思考「怎麼會有那麼冷酷無情的媽媽！」

↓開關思考「因為她就像是長不大的孩子，無法考量對方的心情。她只是把想到的說出來而已，那也沒辦法。」

9
如果是成癮症型母親

「我有想要的東西，可以借我錢嗎？」

↓自動思考「跟女兒要錢真是差勁！」

↓開關思考「不能借錢讓購物成癮症惡化。絕對不借。」

10 如果是虐待型母親

「沒看過像妳這麼笨的孩子！」

↓自動思考「我真的有這麼笨嗎？該怎麼辦。」

↓開關思考「媽媽小時候受到嚴重霸凌，所以只知道這種表達方式。真是傷腦筋。」

愈脆弱的母親愈想拉攏旁人

本章提到從母親的束縛中解放的步驟，落實這些步驟的最大收穫就是「讓自己更強」。變強就不會被母親牽著走，能明確說出自己的意見。

不過，背負著心理創傷的母親會害怕女兒變強。因為女兒變強，就不能像以前那樣將自己的鬱悶發洩在女兒身上，把女兒綁在身邊管教。

所以有時候母親會使出各種招數。

由美（25歲）在母親節那天送了把美麗的扇子。因為母親時常跟朋友外出，由美覺得正好可以讓她在包包放把扇子。

將想著母親高興的表情而買下的扇子送給她時，母親卻說：「什麼？扇子？我已經有好幾把了，根本不需要啊！」不太會反駁母親的由美也忍不住說：「以為妳會喜歡所以才特地選的，不用說成那樣吧！」抱怨起母親。

面對由美突如其來的批評，母親也嚇了一跳，怒火中燒地說：「妳怎麼可以這樣對媽媽說話！」然後到處打電話給親戚們說：「女兒對我說了很過分的話。」

這是因為以往都是站在自己這邊的由美，居然強到可以明確表達自己的想法，怯弱的母親只好拉攏周圍的人。

愈弱的人愈想強調自己的正當性而拉攏旁人。對女兒來說，這不僅是母親受到驚嚇的反應，也要解讀出母親的痛苦。

◆不需要有罪惡感

落實擺脫母親束縛的方法時，有時候會過意不去，覺得：「對母親說得這麼斬釘截鐵，她應該會受傷吧！」

如果做些母親喜歡的事情，就不會傷害到母親了嗎？其實也未必。內心缺乏緩衝空間的母親們，無論女兒多麼體貼，多麼為母親著想，只要稍微不順她的意，就會馬上受傷。

我的朋友因為想讓靠年金生活的父母偶爾吃點美食、外出旅行，所以每年回老家兩次時，都會拿二十萬日圓左右給他們。然而母親每次都會生氣地說：「為什麼要這樣？妳明明也沒錢還打腫臉充胖子！」

於是我的朋友決定不再拿錢回去。有次空手回老家時，卻被說：「要吃家裡的，卻連一塊錢也不出？」朋友明明是因為顧慮母親，卻不管做什麼都傷到她。

不過，不需要覺得過意不去。畢竟世界上還是會有母親覺得這麼做就是「孝順的女兒」吧。

對女兒的行為都往壞處想而感到受傷的母親，其實都是自找的。那都是因為母親選擇了「往壞處想」而產生的結果，女兒完全不需要負責。不必考慮母親是否受傷了而惶惶不安，綁手綁腳。

更重要的是重視自己，請讓自己變得更堅強，優先考量自己的幸福。或許會花些時間，不過當女兒幸福，就會影響到母親，或許有一天母親也會做出讓自己「快樂的選擇」。

◆不需要顧慮母親，讓自己幸福吧

女兒的幸福就是母親的幸福，這樣的例子常常在異國婚姻出現。

當女兒跟母親說「想跟外國男友結婚」時，很多人通常一開始會反對。也有不少人因此斷絕親子關係移居海外，不過看到夫妻幸福生活的樣子，父母的心還是會慢慢軟化，母親也會接受，覺得「這樣也不錯」。

如果是心理創傷嚴重的母親，看到女兒幸福的樣子或許反而會嫉妒，不過那是母親自己必須克服的問題，妳不需要因此處處顧慮母親。

妳的人生並不是為了母親而存在。是要靠自己用雙腳走出來的。

當解開母親的束縛時，妳應該也能一步一步，踏實地走出自己的人生。

第5章

從母親的束縛中解放，獲得自由人生

改變自己，就能改善與其他家人的關係

這本書把焦點放在母親與女兒的關係，沒有談太多關於父親以及其他人。不過，如果是母女相處有問題的家庭，也會出現父母感情不睦、手足關係惡劣等等，在母女關係外也造成影響。

那麼，母女以外的關係必須用其他方式解決嗎？其實也不用那麼麻煩。

正如在第4章提到的，解決母女間問題的方式不是改變對方，首要之務是改變自己的想法。

因為想法轉為正向，實踐這些方法時，父親、手足、丈夫、孩子等等，與所有人的關係都能朝正向發展。

原本是為了改善與母親的關係而改變自己，但後來家人的關係都獲得好轉，與周遭的人際關係全都改善，這就是這個方法最令人驚豔的地方。

下一頁開始會接續第3章，談談那些在各類型母親的故事中出現的人物如何解決問題。

實際治療除了第4章提到的方法外，也會採用適合當事人的諮詢方式。另外，也要先理解，並非用某一種治療方式就一定能治癒，效果全因人而異。

＊本章介紹作者實際對案主採用過的方式，不過這些都是必須由專業諮商師帶領的治療方式，請勿擅自模仿。自行嘗試這些治療方式所衍生的問題，大和書房、台灣東販、作者概不負責。

第3章中出現的案例「後續」

故事1 控制型母親

希望突然造訪的母親能事先打電話

64頁：幸子（30歲）因為生產的關係，母親幾乎每天都擅自跑來家裡。對家事、育兒說三道四，讓幸子感到困擾。

我讓幸子瞭解母親擅自跑來家裡恣意妄為，不只是「她自己這麼做」，幸子也「讓她這麼做」。

什麼意思呢？雖然對擅自控制女兒的母親感到困擾，卻沒有任何表示，其實等同告訴母親「媽媽喜歡怎麼做都可以喔。」

發現這個道理的幸子決定跟母親劃清界線。這件事情需要十足的勇氣，她對母親說：「來我家前請務必打通電話給我。」果不其然，母親發怒地回：「為什麼？我只是去自己的女兒家，為什麼還要特地打電話？」不過幸子還是徹底執行不打電話就不讓母親進門。

反覆進行幾次後，成功把新的相處模式「不打電話給女兒取得同意，就無法進門」傳遞給母親。

或許母親也認知到女兒也有自己的生活，現在一個月只會去幸子家兩～三次，而且會在兩、三天前就打電話問：「可以過去嗎？」

這是透過劃清界線讓母親把女兒視為獨立個體，並且予以尊重的優良案例。

故事2

被害妄想型母親
母親變得會關心女兒！

68頁…昭江（51歲）常常被住在附近照護機構的母親呼之則來揮之則去，讓自己的生活亂了套。

我要昭江「不要一味順從母親所說的，要劃清界線」，這也是此案例中最重要的部分。

瞭解後的昭江當母親來電說「想要妳過來一趟」時，就會開始確切地傳達自己的意思，回覆：「媽，我今天很忙無法過去喔。」

被拒絕的母親怒火中燒地說：「妳這個冷酷無情的女兒。怎麼一點都不體諒我！」昭江雖然有些動搖，卻仍堅持地回覆「真的無法過去」，母親便威脅地說：「如果我死了，都是妳的錯！」

昭江耐住性子說完、放下電話。

隔天，母親又若無其事地打電話給昭江：「妳今天應該會來了吧！」當昭江回：「今天也很忙不能過去。真的對不起。」母親便嚎啕大哭地說：「怎麼會有這麼冷血的女兒啊!!」

但是反覆幾次後，母親開始知道這種灑狗血的戲碼沒有用，便開始減少打電話給昭江的次數。在機構裡雖然還是會碎念，但也不再弄髒床單，會自己去廁所、曬衣服等等，可以照料自己了。

現在狀況完全逆轉，母親開始會關心昭江。昭江很清楚母親為什麼會這樣，所以有時候會去機構探望，現在與母親的關係相當平衡。

當生活亂了套的時候，昭江與先生的關係也受到了影響，不過現在已經能和睦地生活。

故事3 完美主義型母親
用道歉信修復關係

73頁：因為女兒剛生完孩子，良美（53歲）過去幫忙時，女兒卻拒絕：「我希望媽媽不要過來。」良美擔心女兒精神上是否出現問題。

我建議良美進行「死亡冥想（※）」。就是想像女兒瀕死的狀況，是稍微劇烈的冥想法。

我平常不太會用這種方式，不過對完美主義者如果沒有這麼強烈的話，就無法理解女兒的想法，所以還是嘗試了。

我引導良美想像自己站在躺下的女兒旁邊，並且告訴她：「如果有什麼最後想跟女兒說的，請說吧。」

接著良美便開始淚眼婆娑地嘀咕著：「對不起、對不起，媽媽太囉嗦，總是讓妳生氣……」

引導良美確實回到現實狀況後，我告訴她：「良美，不要等到女兒快走的時候，現在要不要重新來過呢？」

後來良美深刻反省過往的態度曾讓女兒受傷，並且寫了封道歉信給女兒。

幾個月過後良美跟我說，她現在可以去女兒家了，女兒也允許她幫忙照顧可愛的長孫。

不過女兒有個附加條件，那就是「如果沒有我主動拜託，媽媽不能下任何指令、不能多嘴」（苦笑）。

有這樣的結果，真是太好了！

※「死亡冥想」如果沒有專業諮商師的指導切勿嘗試。尤其是精神狀態不穩定的人若擅自模仿相當危險。

故事4 守舊型母親

成為受男性喜歡的魅力女性

79頁：潔西卡（28歲）的潛意識裡烙印著母親的想法「必須順從男性」。對男性馬上獻出身體卻換來不停的失戀，最後竟然做出跟蹤狂的舉動。

我請潔西卡專注於改變自己的想法。

首先請她找出自己的觸發字（引起負面行動的字眼）。因為無意識說出的字眼常常會影響行為。

之後也發現母親時常掛在嘴邊的「只能盡力討好」、「只能順從」的「只能……」也成了潔西卡的口頭禪。只能順從對方所說、對方所想，是做出自暴自棄的行為前會說出來的字眼。

潔西卡會無意識地說「只能跟他發生關係啊」、「只能照他說的去做啊」等等，縮小自己的選擇範圍。

發現這個問題的潔西卡，當快要說出「只能……」這個字的時候，就會努力替換成可以提高自我價值的字。

像是說「我能讓自己幸福」、「面對男性的求歡，不願意的時候就要拒絕」、「與其盡力討好對方，充實自我更重要」等等。

就像這樣，改成正面的口頭禪之後，就變身成不再做出跟蹤狂那種愚蠢行為、不靠男人也能快樂享受一人世界的女性。

現在的她，失戀已成過去，反而讓許多男性拜倒在她的石榴裙下。說著：「我會好好挑選交往的對象！」並且展現迷人笑臉的潔西卡，已經變成耀眼動人的女性。

故事5 自卑型母親

透過練習理解母親的悲慘

83頁：漢娜（27歲）在經營餐廳的父母底下做事。父親希望漢娜繼承餐廳，母親卻強烈反對。當父親病倒後，母親說「我自己照顧」便想把漢娜趕出家門。

我讓漢娜透過同理心練習（137頁），讓自己感受母親的情緒。

接著她淚流滿面地說：「我懂媽媽的感覺了。比起媽媽，爸爸更寵愛我，所以讓媽媽喪失身為女人的自信。隨著我慢慢長大，媽媽對我的嫉妒也更深。她也對那樣的自己感到厭惡，母親的自尊已經遍體鱗傷。」

漢娜已經清楚體認母親的感受，所以不再用反抗的態度，而是以真摯的態度傳達「想待在家」的想法。然而母親還是充耳不聞。這也表示母親內心傷得很重。

自卑感的根源如果來自深沉的悲傷，便無法用這種小技巧處理。漢娜必須180

度翻轉母親的看法。

於是我引導漢娜透過冥想，切換頭腦的開關，每當母親找麻煩時，就想成在大喊：「我好慘啊！好痛苦啊！」如此一來，不管母親說出多過分的話，也會覺得「母親好悲慘、好痛苦」不禁同情母親。

隨著漢娜態度的改變，母親的情緒也稍微變得和緩，對漢娜的態度也比之前柔軟。現在已經沒有要把漢娜趕出家門的意思，漢娜也得以在家照顧生病的父親。

母女關係改善，父親也覺得很欣慰，對母親的態度也重燃愛的感覺。雖然還不知道漢娜能否繼承餐廳，但她應該會繼續努力讓母親肯定她。

故事6

表面工夫型母親

用小事情化解長年的心結！

87頁：住在美國的真美（50歲）生氣地打電話給我，她說隔四年才回日本探親，母親一看到她卻說：「穿著大紅外套。鄰居看到會被笑啊，馬上給我脫掉！」

真美的母親極度厭惡別人的批評，為了保護女兒不被外人恥笑，所以處處挑剔她的生活方式。

我讓真美瞭解母親並不是討厭她，而是以自己的方式保護女兒。雖然不需要全然接受母親，但至少要讓自己心裡的傷逐漸癒合。

我不僅對真美提到160頁介紹過的變色龍技巧、跳針技巧，也建議：「下次回國時，轉換一下心情，跟媽媽兩個人一起去咖啡館或是公園吧！」

一年後再度回國的真美記得我跟她說的話，便約母親去ＫＴＶ。喝了點啤酒有點醉意的母親不經意地對真美說出一些話，讓她們過往的心結迅速解開。

「我還是小學生時，曾經被住家附近的大哥哥摸了胸部，我嚇得跑走，他還在後頭追我，真的餘悸猶存。回到家跟媽媽說，她反而生氣地罵我：『都是因為妳不檢點才發生那種事。』那時我就對自己發誓，當媽媽後一定要好好保護我的孩子……」

聽到這些話的真美對著母親說：「媽，謝謝妳！」和母親相擁而泣。也解開了「為什麼媽媽總是在意旁人眼光，很囉唆」這樣多年的疑問。

母親對著真美哭到累了、恍神了，她壓根沒有意識到那次的恐怖經驗會變成心理創傷，在自己心裡成了一堵跨越不了的牆吧！看到母親這個樣子，真美只有滿心的不捨。

自從那次後，或許也因為真美對母親的態度變得溫柔，母親不再挑剔這個、挑剔那個了，最後母親還對真美道歉「媽媽對妳太嚴格了吧，對不起。」

故事7 欲求不滿型母親

擺脫罪惡感，透過練習熟悉拒絕

91頁：真希子（36歲）總是無法拒絕他人。丈夫主管的太太要她擔任茶會、午餐會等等的召集人，也得幫其他太太們做些雜事，讓自己疲憊不堪、感到煩躁。

我讓真希子嘗試做兩件事。

一個是不管再怎麼難拒絕，不想做的時候就要回「不做」養成拒絕的習慣。被拜託時如果只是一味沉默、順從，就等於跟對方說：「全部的事情我都可以做，請讓我多做一些。」不拒絕只會讓雜事增加。我用這樣的說明讓她理解拒絕的重要性。

第二個是去除母親灌輸的「如果沒有妳，我就不用那麼辛苦了」這樣的「罪惡感」。

我告訴她：「懷孕、生下妳是母親的選擇，妳完全不需要負責。妳只是單純被生下來而已。如果用『如果沒有妳，我就不用那麼辛苦了』怪罪孩子，讓孩子有罪惡感，是父母的不是。」

讓真希子知道這兩個重點後，也出了作業。

當真希子拒絕別人的請託，產生罪惡感時，馬上說：「是我的錯、是我不好。」讓身體完全僵硬，臉部肌肉、肩膀完全繃緊，雙手握拳，撐到極限為止。

接著「呼～～」一邊大口吐氣，一邊說：「解放、自由、解放、自由。」（就是從罪惡感解放，獲得自由的意思）讓全身放鬆。

放鬆後馬上說：「這是媽媽的問題。不是我的問題。罪惡感，再見。」

這個練習可以連結思考與身體感覺，有改變思考迴路以及反射動作的效果。真希子透過反覆練習後，就會在潛意識裡記住：

「讓身體僵硬＝感受到罪惡感」

「讓身體放鬆＝沒有罪惡感」

最後當身體一放鬆就能馬上消除罪惡感。真希子就能慢慢地從罪惡感解放。

不光是如此，透過練習，真希子也會開始覺得：「就算我拒絕讓對方感到不悅，那也只是對方的問題，不是我的。」

現在當丈夫主管的太太拜託時，她已經能毫無牽掛地拒絕「不行就是不行」，與太太們的交往也變得順利。

此外，她也高興地與我分享，她由衷覺得「媽媽的人生也過得不輕鬆」。

故事8 幼稚型母親

明確的態度能讓妳走出自己的路

96頁：琳達（21歲）總是任由任性的母親擺布。她想離家工作，母親卻極力反對，嚷著：「那我怎麼辦?!」讓她很困擾。

我告訴琳達要理解「母親的精神年齡跟幼兒一樣」後，給了她以下建議。

第一，不行就是不行，要明確劃出界線。雖然小孩無法任性而為時，會馬上鬧脾氣，不過當她知道不管用哭的、用叫的都沒用時，就會馬上放棄，尋找其他可以做的事情，轉移目標。我告訴琳達，不管母親如何耍賴，都不要理會，去自己想去的丹佛工作吧。

第二，改變對母親的看法。孩子的思考很單純，想要的東西就是想要、討厭的東西就是討厭，對事物只有簡單且短淺的思考能力。

雖然不知道真相為何，或許「不可思議的流產」是因為母親不想要孩子，才從樓梯跌落導致流產。外人或許會覺得殘忍，不過這種類型的母親只覺得是對不想要的東西做出適當的行為。畢竟幼稚型母親無法想得很深。

換言之，如果把母親想成是小孩，那麼所有事情都說得通了。琳達不需要對母親善變的行為感到生氣，不管母親做什麼，都視為「畢竟是個孩子」努力以寬大的心看待。

當琳達要出發至丹佛時，聽說她母親還哭鬧嚷著：「妳太任性了！」但是當琳達離開，她也只好接受，過著正常的生活。

最近琳達也回報好消息，她說：「爸爸跟弟弟也模仿我，開始用同樣的態度對待媽媽，媽媽也從任性的孩子變成懂事的孩子了。他們三人似乎過得很融洽。」

故事9

成癮症型母親

捨棄無法達成的願望，步入幸福的婚姻

100頁：智子（33歲）與有婦之夫交往四年。數度分手，卻因為覺得一個人很難熬，所以一直重蹈覆轍。

要治癒內心嚴重受傷而造成「男性成癮症」的智子，需要比較長的時間。我訂出半年的期限，嘗試了幾種方法。

首先進行的是「改變思考迴路的確認」。確認（affirmation）就是把想做的事情用「已經成真」而不是用願望的形式宣示出來，改變潛意識。

對智子或許稍微殘酷，但我請她捨棄「他總有一天會跟太太離婚，跟我結婚」這樣無止盡的期盼，宣示「他絕對不會跟太太離婚。我們沒有結婚的希望」做出這樣極端的確認。重點在放棄之後，營造出考量這個男人以外選項的空間。

雖然智子說就算宣示再多次，內心還是無法認同，不過那也沒關係，我請她有

空時就這麼宣示，持續幾週後，她跟我說：「我們能結婚的希望真的變渺茫了。」

留意智子心境上的改變後，接下來不是讓她興起「想跟他分手」的想法，而是感受「解放、自由、幸福、充實感」這些正面意象的方法。

為什麼用這個方法？先前也提到過，我們的感受無論是好是壞，聚集較多能量的就會朝那個方向傾倒。舉例來說，想著「不要生病」的人愈是把焦點放在「生病」，反而招來疾病。如果不想生病，就要想著「要變得健康」，如此才能迎向健康。

我問智子她過往覺得最自由、快樂的事情，她回：「大學的時候跟朋友去溜冰。」她想到溜冰可以自由轉動的解放感、臉上迎來溫柔的風的感覺，就覺得幸福。我跟她說，如果想到男方的事情，就馬上說出「溜冰！」這麼一來每次想到他，就會連結到溜冰時的正面意象。

接下來要進行的是「絕對不要嚴格對待自己」。嘗試這個方法的過程中，也因為男人說「想見面」就去找他而苛責自己，我告訴她要對自己說「或許下次就能拒絕了」、「還是很煎熬吧！下次堅持一點就好了」安撫自己的情緒。如果責備自己，情緒上就會傾向男方，變得更難分難捨，若是療癒自己就會讓內心更堅強，增加與他分手的能力。

此外我也建議她活動身體。因為運動時會分泌讓心態變正向的腦內啡，對成癮症的人很有效。

努力配合療程的智子，終於在半年後成功與對方分手！

她跟我說：「醫生，現在回想，我覺得自己把渴望父母關愛的念頭託付在那男人身上了。希望他填補我內心的大空缺。所以當他不在時，我真的覺得快活不下去。但是現在瞭解那個空缺可以靠自己填補。我知道自己很棒，自己原本的樣子就很好了。多虧老師，我也不再期待母親的愛，反而擁有更好的關係。」

過了三年，我收到智子的喜帖！我當然也滿心喜悅地參加了。

故事10 虐待型母親

發洩憤怒讓自己變得可以控制

106頁：富美子（42歲）有兩個孩子，卻會對長女發怒、施暴，無法控制自己。

富美子是母親暴力下的受害者。歷史總是會重演，自己也成了反覆對孩子精神、肉體虐待的大人。

為了治癒富美子的心理創傷，我用了空椅法（133頁）。讓她想像母親坐在眼前的椅子上，引導她說出對母親想說的話。雖然富美子起初有些顧慮，但慢慢地回想起童年的種種後，情緒就變得激昂。

她對著眼前的椅子訴說著：「為什麼打我？」、「為什麼不好好疼愛我？」、「明明是妳的孩子，為什麼不愛我？」、「真過分！」、「妳是很糟糕的母親！」、「妳知道妳害我很痛苦嗎？」等等，宣洩所有的情緒。這些怒氣應該就是富美子最深沉的痛吧！

發洩完對母親的怨恨，建議立刻做些當場可以做的體操。畢竟怒氣也是能量的一種，必須消耗完畢。

富美子用諮商室裡的海棉棒盡情敲打坐墊。因為還有些怒氣未散，她說回家後在附近快步來回走，留了一些汗，情緒變得很放鬆。

第二次的諮商時，富美子整個容光煥發，我跟她說：「氣色看起來不錯喔！」她回答：「透過運動消耗憤怒的能量很有效！」

由於她實際感受到藉由運動發洩怒氣的效果，我要她承諾當快要對女兒施暴時，馬上到附近跑跑、在院子裡跳繩等等。

三個月過後，她眼神閃閃發光地跟我說：「雖然有時還是會生氣，但是已經不會再打女兒了！」

從這個情況看來，之後應該不會再發怒，跟女兒之間能建構出穩定的關係，負面效應該會在富美子這代畫上休止符吧！

給缺乏母親範本而惶惶不安的人

我們只會模仿看過的、聽過的、體驗過的事情。因為無法想像沒看過的、沒聽過的、沒體驗過的事情。

當女兒治癒被母親傷到而產生的心理創傷，自己也為人母時，雖然會想當個「溫柔的母親」，不過自己並非由溫柔的母親照顧長大，所以無法具體知道該成為怎樣的母親。

我也常常聽到患者說「沒有信心養育孩子」、「只有媽媽這樣的範本，所以覺得非常不安」。

經由諮商案例開始慢慢知道，原來大家眼中理想且溫柔的母親是接下來列出的形象。

- 能把孩子視為獨立個體並予以尊重
- 能站在孩子立場思考
- 能和孩子同樂、同悲
- 即使想法或興趣不同，還是會努力理解
- 能坦率地道歉
- 發生什麼事情時能為孩子挺身而出
- 無論什麼時候都能展現「妳是媽媽的寶貝」，給孩子足夠的愛
- 透過肢體接觸展現母愛
- 對已經長大的女兒不要事事介入，懂得拿捏分寸

如何呢？是不是理想母親的形象呢？

不是只有溫柔，也要有具體意象。如果有意象，即使沒有經歷過溫柔母親照顧的人，也能成為意象中的人吧！

請試著成為「真正溫柔的母親」。

附錄

如何選擇可信賴的諮商師

閱讀本書的讀者或許也想經由諮商師的協助，徹底解開與母親的心結。或許日本尚未普及，但是在美國，當內心有什麼問題就習慣尋求諮商的協助。所以諮商師的選擇就顯得很重要。諮商師可能會讓問題改善或是惡化。其實我這邊也有很多因為「問題完全沒解決」、「被諮商師責備而受傷」等等的理由，從其他地方轉到我這裡的人。

為了讓讀者能選擇到好的諮商師，以下試著列出可信賴的諮商師的特徵。

諮商能否順利進行，與案主跟諮商師之間是否相互信賴有關。由於是案主選擇諮商，所以覺得「似乎不太適合」其實也可以切斷關係。

或許有很多案主覺得選擇複數諮商師並不恰當，不過事實並非如此。

先詢問「可以去一次看看嗎？」再前往。仔細判斷那位諮商師是否適合後，再正式進行諮商吧！

可信賴的諮商師

◆不是看廣告，而是看「評價」

能力好的諮商師，通常會因為口耳相傳讓預約的人數很多。砸了很多廣告的諮商室，就像員工流動率高而不斷徵才的公司，就算有案主上門，也有可能很快就停止繼續前往諮商。稍微留意會比較好。

◆能讓自己放鬆，不會過度緊張

好的諮商師能配合各種案主，不會讓案主感到不自在。「這麼說會不會讓他生氣？」等等讓案主感到緊張、有所顧慮的諮商師並不理想。

此外，如果覺得「對方是很好的醫生，但總覺得有點奇怪……」時，就表示妳跟那位醫生不合，不需要勉強自己諮商。

◆不會命令案主

「不能這麼做」、「那樣不行」等等，也有很多會命令案主的諮商師。諮商應該是自然引導案主意識問題。諮商師用本身的價值觀發表意見並不恰當。

能力好的諮商師會讓案主自行選擇方法，不會下命令地說「要做～」或是給予批評。

◆諮商過程中不會談到私事

假設是「在公司遇到霸凌」前來諮商的人，諮商師不會談到「我也曾經被霸凌過，那個實在是……」等等，會談到自己私事的諮商師不足以信賴。

如果內容有助改善問題，或許可以當成例子，如果不是的話，自顧自地談到私事的諮商師並不恰當。

◆不過度友善，有身為專家的自覺

有些諮商師會像朋友般和案主對談，營造出十分友善的氣氛。不過要留意過度親切的諮商師。如果目的在治療心傷，就要有專家該有的分際，必須建構出信賴關係，而不是與案主交朋友。

◆豐富的諮商經驗

諮商師的學歷、知名度都沒有關係。無論是東京大學畢業、哈佛畢業、曾經上過電視的有名諮商師等等，都不等同於好的諮商師。

更重要的是經驗值。雖然也因人而異，不過一般來說，諮商過愈多人，諮商能力就會愈好、解決方式也愈豐富。所以與知名度相比，更建議找諮商經驗豐富的人。

◆與自己個性相合

諮商師也有各種類型。有冷酷的人、感性的人、開朗的人。一定會有和自己個性相合的諮商師，在遇到那個人之前，建議先不要只鎖定單一諮商師。

要找到合得來的諮商師，必須要找好幾間一一確認。

日本人都算老實，談過一次後通常就會決定那位諮商師，不過要記得，如果與那位諮商師不合，不僅浪費金錢跟時間，甚至會造成反效果。

不是諮商師選擇案主，要記得「妳有選擇的權利」，或許會花些時間，請找最適合自己的諮商師。

＊　＊　＊

如果符合上述的諮商師，應該算是可信賴的吧！

另外，在這裡也特別建議盡量約在上午諮商。因為諮商師也是人，聽了一整天的煩惱，一到晚上可能會因為疲憊，出現注意力渙散的狀況。

最後，如果是想解決母女間的問題，建議找女性諮商師。當然也有能力好的男性諮商師，不過母女間微妙的心理，還是女性才能完全理解。反過來說，如果是父子問題，應該是男性諮商師會比較恰當吧！

誠心祝願讀者們都能遇到能協助妳開展出幸福人生的好諮商師！

I love you all and thank you for reading the book!!

Dr. Tatsuko Martin

作者簡介

Dr. Tatsuko Martin

臨床心理學博士、心理諮商師。敬愛諮商師學院特聘講師。1977年前往美國，取得聖地牙哥州立大學諮商教育碩士、舊金山加利福尼亞整合學院臨床心理學博士。目前在美國洛杉磯提供教練以及諮商服務、日美兩國電話教練輔導等，也會在美日兩國舉辦演講。在洛杉磯日系報紙《羅府新報》負責的「Tatsuko諮商室」專欄，目前已邁入第15個年頭。

日文著作包含《與放不下的他產生美妙的奇蹟》（扶桑社）；《不再迷惘！讓好事發生的選擇方法》、《改變早上就能迎接最棒的未來！》（以上，大和書房）等。

Dr. Tatsuko HP　http://www.drtatsuko.com

國家圖書館出版品預行編目資料

媽媽,我原諒妳。：掙脫負面循環,撫平母愛枷鎖給的傷與痛 / Tatsuko Martin著；余亮誾譯. -- 初版. -- 臺北市：臺灣東販, 2019.02
216面；14.7×21公分
ISBN 978-986-475-918-7(平裝)

1.母親 2.親子關係

544.141　　107023338

媽媽，我原諒妳。

掙脫負面循環，撫平母愛枷鎖給的傷與痛

2019年2月20日初版第一刷發行

作　　者　Dr. Tatsuko Martin
譯　　者　余亮誾
編　　輯　曾羽辰
特約美編　鄭佳容
發 行 人　齋木祥行
發 行 所　台灣東販股份有限公司
＜地址＞台北市南京東路4段130號2F-1
＜電話＞(02)2577-8878
＜傳真＞(02)2577-8896
＜網址＞http://www.tohan.com.tw
郵撥帳號　1405049-4
法律顧問　蕭雄淋律師
總 經 銷　聯合發行股份有限公司
＜電話＞(02)2917-8022